TRABALHO

FAUSTO LEITE
ADVOGADO

TRABALHO

3.ª EDIÇÃO

ALMEDINA

TRABALHO

AUTOR
FAUSTO LEITE
COORDENADOR DA COLECÇÃO "DIREITOS E DEVERES DOS CIDADÃOS"
EDGAR VALLES

EDITOR
EDIÇÕES ALMEDINA, SA
Rua Fernandes Tomás, nºs 76-80
3000-167 Coimbra
Tel.: 239 851 904 · Fax: 239 851 901
www.almedina.net · editora@almedina.net

PRÉ-IMPRESSÃO
EDIÇÕES ALMEDINA, SA

IMPRESSÃO | ACABAMENTO
PENTAEDRO, LDA.

Novembro, 2012

DEPÓSITO LEGAL
351498/12

Os dados e as opiniões inseridos na presente publicação são da exclusiva responsabilidade do(s) seu(s) autor(es).

Biblioteca Nacional de Portugal – Catalogação na Publicação

LEITE, Fausto

Trabalho. – 3ª ed. – (Direitos e deveres dos cidadãos)
ISBN 978-979-40-5007-2

CDU 349
331

ADVERTÊNCIA

Na elaboração deste guia, teve o autor a preocupação essencial de traduzir em linguagem acessível o que de mais relevante decorre da legislação vigente em Portugal sobre o tema, de forma a que o cidadão possa apreender as questões que lhe surgem no dia-a-dia.

Tendo em conta a extensão da matéria e a diversidade das situações da vida real, não é possível, nem conveniente, o seu tratamento exaustivo. Por isso, foram abordadas apenas as situações mais frequentes ou aquelas relativamente às quais pareceu mais necessária ou útil a informação.

As informações constantes deste obra baseiam-se no quadro legal em vigor. Alerta-se, no entanto, o leitor para a diversidade das situações da vida real, para a variedade das circunstâncias, para a possibilidade de alteração da lei e ainda para o facto de as normas jurídicas aplicáveis admitirem, por vezes, mais do que uma interpretação.

Faz-se ainda notar que, tratando-se de uma obra com intuitos essencialmente informativos, é sempre aconselhável a consulta de entidades, serviços ou técnicos especialmente habilitados, designadamente advogados e solicitadores que, dispondo de elementos pertinentes, estarão em condições de fornecer informações ou orientações adequadas sobre os direitos ou as obrigações em causa.

ÍNDICE

Advertência 5

Nota Introdutória 11

Contrato de Trabalho 13

Estrangeiros 16

Destacados 17

Direitos de Personalidade 18

Igualdade e Não Discriminação 20

Parentalidade 22

Trabalho de Menores 30

Capacidade Reduzida, Deficiência e Doença Crónica 32

Trabalhador – Estudante 32

Empresas 35

Promessa de Contrato de Trabalho 36

Período Experimental 36

Mobilidade Funcional 37

Direitos e Deveres do Trabalhador 39

Formação Profissional 40

Liberdade de Trabalho 42

Contrato a Termo 43

Trabalho a Tempo Parcial 47

Trabalho Intermitente 48

Comissão de Serviço 49

Teletrabalho 50

Trabalho Temporário 51

Local de Trabalho 54

Duração do Trabalho 55

Trabalho por Turnos 59

Trabalho Nocturno 60

Trabalho Suplementar 61

Descanso Semanal 62

Feriados 63

Férias 64

Faltas 66

Retribuição 68

Transmissão de Empresa 74

Cedência Ocasional 74

Crise Empresarial 75

Licença Sem Retribuição 77

Pré-Reforma 78

Poder Disciplinar 79

Garantias dos Créditos 82

Cessação do Contrato 83

Revogação do Contrato de Trabalho 86

Despedimento Individual 86

Despedimento Colectivo 90

Despedimento por Extinção de Posto de Trabalho 92

Despedimento por Inadaptação 94

Ilicitude do Despedimento 96

Resolução do Contrato pelo Trabalhador 100

Denúncia do Contrato 102

Organizações Representativas dos Trabalhadores 103

Associações Sindicais 106

Comissões de Trabalhadores 108

Conselhos de Empresa Europeus 110

Regulamentação Colectiva de Trabalho 111

Convenção Colectiva 112

Mediação 114

Arbitragem 115

Greve 117

Lock-Out 119

Segurança e Saúde no Trabalho 120

Trabalho no Domicílio 127

Trabalho Doméstico 129

Contra-Ordenações 131

Léxico 133

NOTA INTRODUTÓRIA

O novo Código do Trabalho, aprovado pela Lei n.º 7 /2009, de 12 de Fevereiro, foi regulamentado e alterado pelas Leis n.ºs 105/2009, de 14 de Setembro, 53/2011, de 14 de Outubro e 23/2012, de 25 de Junho, que entrou em vigor no dia 1 de Agosto de 2012.

Foram, ainda, publicados os seguintes diplomas: Lei n.º 96//2009, de 3 de Setembro, sobre Conselhos de Empresa Europeus; Lei n.º 101/2009, de 8 de Setembro, sobre o trabalho no domicílio; Lei n.º 102/2009, de 10 de Setembro, sobre segurança e saúde no trabalho; Lei n.º 107/2009, de 14 de Setembro, sobre contra-ordenações; Decreto-Lei n.º 259/2009, de 25 de Setembro, sobre o regime das arbitragens obrigatória, necessária e de serviços mínimos na greve; Decreto-Lei n.º 295/2009, de 13 de Outubro, que alterou o Código de Processo do Trabalho e Lei nº 3/2012, de 10 de Janeiro, que estabeleceu um regime de renovação extraordinária dos contratos de trabalho a termo.

A dispersão e a complexidade das leis laborais dificultam a sua compreensão. Com estas 365 perguntas e respostas, pretendemos facilitar o conhecimento do direito laboral por parte de todas as pessoas para quem o trabalho é essencial na sua vida.

1. O que é o contrato de trabalho?

É o contrato pelo qual uma pessoa física se obriga a prestar a sua actividade a outra pessoa, mediante retribuição, no âmbito de uma organização e sob a autoridade desta.

É essencial que o trabalhador esteja subordinado ao poder de direcção do empregador, sem prejuízo da sua autonomia técnica, nos termos da lei e da *deontologia* profissional. Também não é válido o contrato de trabalho gratuito.

2. Como se distingue o contrato de trabalho do contrato de prestação de serviços?

Enquanto o trabalhador subordinado exerce a sua actividade sob as ordens e instruções do empregador, o trabalhador autónomo fá-lo com independência, obrigando-se a proporcionar, apenas, um certo resultado.

Muitos contratos dos chamados "recibos verdes" são verdadeiros contratos de trabalho, porque o "prestador de serviços" está integrado numa empresa, auferindo uma retribuição certa e, de facto, exerce a sua actividade sob a autoridade do empregador, de quem depende economicamente.

3. Em que casos se presume a existência de contrato de trabalho?

Há *presunção* de contrato de trabalho, quando se verificam algumas das seguintes situações:

- Realização da actividade no local do beneficiário ou por ele determinado;
- Pertença dos equipamentos e instrumentos de trabalho ao beneficiário;
- Observância de horas de início e termo da prestação impostas pelo beneficiário;

- Pagamento periódico de quantia certa pela prestação da actividade;
- Exercício de funções de direcção ou chefia na organização da empresa.

Nestes casos de presunção, o empregador é que terá de provar que não há contrato de trabalho.

4. O Código do Trabalho aplica-se a todos os contratos de trabalho?

Não. O contrato de trabalho em funções públicas é regulado pela Lei n.º 59/2008, de 31/5.

Também há contratos de trabalho com regime especial a que, apenas, se aplicam as regras gerais do Código do Trabalho que sejam compatíveis com essa especificidade. São os casos do trabalho doméstico (Decreto-Lei n.º 235/92, de 24/10 – n.ºs 353 a 357), do trabalho desportivo (Lei n.º 29/98, de 26/06), do trabalho a bordo (Lei 15/97, de 31/5), dos profissionais de espectáculo (Lei nº 4/2008, de 07/02) e do trabalho rural (Portaria de Regulamentação do Trabalho, de 8/06/79).

5. O Código do Trabalho aplica-se ao trabalho no domicílio?

O *trabalho no domicílio* é, presentemente, regulado pela Lei n.º 35/2004, de 29/7, aguardando-se novo diploma sobre esta matéria.

A esta situação equiparada ao trabalho subordinado aplicam-se, apenas, as normas do Código do Trabalho relativas a direitos de personalidade, igualdade e não discriminação e a segurança e saúde no trabalho (n.ºs 351 a 356).

6. Os contratos de trabalho devem ser escritos?

Os contratos de trabalho só estão sujeitos a forma escrita quando a lei o determine, como são os seguintes:

- Contrato-promessa de trabalho;
- Contrato de teletrabalho;
- Contrato de trabalho a termo;
- Contrato com trabalhador estrangeiro;
- Contrato de trabalho em comissão de serviço;
- Contrato com pluralidade de empregadores;
- Contrato de trabalho a tempo parcial;
- Contrato de trabalho intermitente;
- Contrato de pré-reforma;
- Contrato de cedência ocasional.

7. Que informações deve o empregador prestar ao trabalhador?

O empregador deve prestar-lhe, no mínimo, as seguintes informações:

- A sua identificação e a sede ou domicílio;
- O local de trabalho;
- A categoria ou a descrição sumária das funções;
- A data de celebração do contrato e a do início dos seus efeitos;
- A duração previsível do contrato a termo;
- A duração das férias;
- Os prazos de aviso prévio para a cessação do contrato;
- O valor e a periodicidade da retribuição;
- O período normal de trabalho diário e semanal;
- O número da apólice de seguro de acidentes de trabalho e a identificação da Seguradora;
- O instrumento de regulamentação colectiva de trabalho aplicável, se houver.

8. Quais são os direitos e deveres do trabalhador estrangeiro?

O trabalhador estrangeiro autorizado a trabalhar em Portugal goza dos mesmos direitos e está sujeito aos mesmos deveres dos trabalhadores portugueses.

9. A que formalidades está sujeito o contrato de trabalho com trabalhador estrangeiro?

O contrato de trabalho com trabalhador estrangeiro deve ser celebrado por escrito, em triplicado e conter, pelo menos, as seguintes indicações:

- Identificação, assinaturas e domicílio ou sede das partes;
- Visto de trabalho ou título de autorização de residência ou permanência do trabalhador em território português;
- Actividade do empregador;
- Actividade contratada e retribuição do trabalhador;
- Local e período normal de trabalho;
- Valor, periodicidade e forma de pagamento da retribuição;
- Datas da celebração do contrato e do início da prestação de actividade;
- Identificação e domicílio da pessoa ou pessoas beneficiárias de pensão em caso de morte resultante de acidente de trabalho ou doença profissional.

Devem ser juntos a cada exemplar do contrato documentos comprovativos do cumprimento das obrigações legais relativas à entrada e à permanência ou residência do cidadão estrangeiro em Portugal.

10. Que comunicações devem ser feitas à Autoridade para as Condições de Trabalho?

O empregador deve comunicar à Autoridade para as Condições de Trabalho, por formulário electrónico:

- A celebração do contrato de trabalho com trabalhador estrangeiro antes do início da sua execução;
- A cessação do contrato nos 15 dias posteriores.

11. Em que casos são dispensadas as formalidades específicas para o contrato de trabalho com estrangeiro?

As formalidades específicas para o contrato de trabalho com estrangeiros não são exigidas aos trabalhadores da União Europeia nem de outro Estado que consagre a igualdade de tratamento com cidadão português no tocante ao livre exercício de actividade profissional.

DESTACADOS

12. Quais são os direitos do trabalhador *destacado* em Portugal?

O trabalhador *destacado* em Portugal tem direito, pelo menos, às condições de trabalho previstas na lei e na regulamentação colectiva aplicável em Portugal, quanto às seguintes matérias:

- Segurança no emprego;
- Duração máxima do tempo de trabalho;
- Períodos mínimos de descanso;
- Férias;
- Retribuição mínima e pagamento de trabalho suplementar;
- Cedência de trabalhadores por parte de empresa de trabalho temporário;
- Cedência ocasional de trabalhadores;

- Segurança e saúde no trabalho;
- Protecção na parentalidade;
- Protecção do trabalho de menores;
- Igualdade de tratamento e não discriminação.

13. Quais são os direitos do trabalhador destacado no estrangeiro ao serviço de um empregador português?

Os direitos do trabalhador destacado no estrangeiro ao serviço de um empregador português são os mesmos dos destacados em Portugal.

O empregador deve comunicar, com 5 dias de antecedência, à Autoridade para as Condições de Trabalho, a identidade dos trabalhadores a destacar para o estrangeiro, o utilizador, o local de trabalho, o início e o termo previsível da deslocação.

DIREITOS DE PERSONALIDADE

14. Há liberdade de expressão e de opinião na empresa?

O trabalhador é um cidadão que goza da liberdade de expressão e de opinião, mas tem de respeitar os direitos de personalidade dos outros trabalhadores e do empregador e não prejudicar o funcionamento normal da empresa.

15. O trabalhador tem direito à reserva da intimidade da vida privada?

O trabalhador tem direito à reserva da intimidade da vida privada, não podendo o empregador nem os seus representantes obterem ou divulgarem informações sobre a sua vida familiar, afectiva, sexual, o seu estado de saúde ou as suas convicções políticas e religiosas.

16. O empregador pode exigir informações sobre a sua saúde ou estado de gravidez?

Só o que for exigido pela sua actividade profissional, conforme fundamentação escrita. Essas informações serão prestadas ao médico que, apenas, pode comunicar ao empregador se o trabalhador está ou não apto para o desempenho da sua actividade.

17. O empregador pode exigir informações sobre a vida privada do trabalhador?

Só o que for estritamente necessário e relevante para avaliar a sua aptidão profissional, mediante fundamentação escrita.

18. O empregador pode exigir ao trabalhador a realização de testes ou exames médicos?

Só os que forem necessários para a protecção e segurança do trabalhador ou de terceiros ou quando tal for exigido pela sua actividade profissional, mediante fundamentação escrita. Em qualquer caso, não pode exigir à trabalhadora a realização ou apresentação de testes ou exames de gravidez.

O médico só pode comunicar ao empregador a aptidão ou inaptidão do trabalhador.

19. O empregador pode tratar *dados biométricos* do trabalhador?

Só o poderá fazer após notificação à Comissão Nacional de Protecção de Dados, desde que se verifique a necessidade, adequação e proporcionalidade desse tratamento.

20. O empregador pode usar a videovigilância?

Não o poderá fazer para controlar o desempenho do trabalhador, mas, apenas, para a protecção e segurança de pessoas e bens ou por exigências particulares da sua actividade, mediante prévia autorização da Comissão Nacional de Protecção de Dados e informação ao trabalhador.

21. O empregador pode aceder ao correio electrónico do trabalhador?

É-lhe vedado o acesso à informação de natureza pessoal do trabalhador, mas o empregador pode impor regras para a utilização dos seus meios de comunicação.

IGUALDADE E NÃO DISCRIMINAÇÃO

22. Em que consiste o direito à igualdade no acesso ao emprego e no trabalho?

O trabalhador não pode ser privilegiado, beneficiado, prejudicado, privado de qualquer direito ou isento de qualquer dever, nomeadamente, em razão de ascendência, idade, sexo, orientação sexual, estado civil, situação familiar, situação económica, instrução, origem ou condição social, *património genético*, capacidade de trabalho reduzida, deficiência, doença crónica, nacionalidade, origem étnica ou raça, território de origem, língua, religião, convicções políticas ou ideológicas e filiação sindical.

23. São proibidas todas as diferenças de tratamento?

O empregador não pode praticar qualquer discriminação directa ou indirecta, mas pode impor requisitos para o exercício da actividade profissional, desde que sejam necessários, proporcionais e adequados à realização de um objectivo legítimo.

24. Qual é o âmbito do direito à igualdade?

O direito à igualdade abrange, nomeadamente, as seguintes matérias:

- Critérios de selecção e condições de contratação;
- Acesso a todos os tipos de orientação, formação e reconversão profissionais;
- Retribuição e outras prestações patrimoniais, promoção e critérios para selecção de trabalhadores a despedir;
- Filiação ou participação em organizações representativas de trabalhadores ou outras de natureza profissional.

25. Quais são as consequências da discriminação?

A discriminação constitui uma contra-ordenação muito grave e o trabalhador lesado tem direito a indemnização por danos patrimoniais e não patrimoniais.

Por outro lado, é inválido qualquer acto vingativo do empregador contra o trabalhador que não aceite a discriminação.

26. Em que consiste o princípio *"para trabalho igual salário igual"*?

O empregador deve pagar a mesma retribuição aos trabalhadores que realizarem *trabalho* com a mesma quantidade, qualidade, natureza e *de valor igual*. Não é obrigatório que dois trabalhadores, desempenhando as mesmas funções, aufiram idêntica retribuição, se for desigual a sua prestação.

27. O que é o assédio moral ou sexual?

É um comportamento indesejado com o objectivo ou o efeito de afectar a dignidade do trabalhador ou de lhe criar um ambiente intimidatório, hostil, degradante, humilhante ou desestabilizador.

Chama-se assédio sexual se aquele comportamento tiver carácter sexual.

28. Quais são os direitos do trabalhador vítima de assédio moral e sexual?

O assédio moral e sexual confere ao trabalhador lesado o direito a indemnização por *danos* patrimoniais e *não patrimoniais*, constituindo uma contra-ordenação muito grave.

PARENTALIDADE

29. Quais são os direitos dos pais trabalhadores?

Os direitos dos pais trabalhadores são os seguintes:

- Licença em situação de risco clínico durante a gravidez;
- Licença por interrupção da gravidez;
- Licença parental, em qualquer das modalidades;
- Licença por adopção;
- Licença parental complementar, em qualquer das modalidades;
- Dispensa para consulta pré-natal;
- Dispensa para *aleitação*;
- Faltas para assistência a filho;
- Faltas para assistência a neto;
- Licença para assistência a filho;
- Licença para assistência a filho com deficiência ou doença crónica;
- Trabalho a tempo parcial de trabalhador com responsabilidades familiares;
- Horário flexível de trabalhador com responsabilidades familiares;
- Dispensa de prestação de trabalho em regime de adaptabilidade;
- Dispensa de prestação de trabalho suplementar;
- Dispensa de prestação de trabalho no período nocturno.

30. O que se entende por trabalhadora grávida, puérpera ou lactante?

Trabalhadora grávida é a trabalhadora em estado de gestação que informe e prove o seu estado, por escrito, com atestado médico.

Trabalhadora puérpera é a trabalhadora que, nos 120 dias seguintes ao parto, informe e prove o seu estado, por escrito, com atestado médico ou certidão de nascimento do filho.

Trabalhadora lactante é a trabalhadora que amamenta o filho, informe e prove o seu estado, por escrito, com atestado médico.

31. O que é a licença em situação de risco clínico durante a gravidez?

É a licença a que a trabalhadora grávida tem direito na situação de risco clínico, para si e para o *nascituro*, por período fixado pelo médico, sem prejuízo da licença parental inicial, se não houver trabalho compatível com o seu estado e categoria profissional. A trabalhadora deve informar e provar aquela situação por atestado médico, com a antecedência de 10 dias ou, em caso de urgência, logo que possível.

32. O que é a licença por interrupção da gravidez?

É a licença entre 14 e 30 dias a que a trabalhadora tem direito em caso de interrupção da gravidez, se informar o empregador, com atestado médico, logo que possível.

33. Quais são as modalidades de licença parental?

As modalidades de licença parental são as seguintes:

- Licença parental inicial;
- Licença parental inicial exclusiva da mãe;
- Licença parental inicial a gozar pelo pai por impossibilidade da mãe;
- Licença parental exclusiva do pai.

34. Qual a duração da licença parental inicial?

Por nascimento de filho, a mãe e o pai trabalhadores têm direito à licença parental inicial de 120 ou 150 dias seguidos, após o parto, sem prejuízo da licença parental exclusiva da mãe (n.º 36). A licença é acrescida de 30 dias no caso de gozo, em exclusivo, por cada um dos progenitores, de um período de 30 dias ou de 2 períodos de 15 dias seguidos.

No caso de nascimentos múltiplos, a licença é acrescida de 30 dias por cada gémeo além do primeiro.

35. Que formalidades devem cumprir os pais?

Se o gozo da licença parental for partilhada, os pais devem informar os empregadores, no prazo de 7 dias a contar do parto, do início e termo dos respectivos períodos, entregando uma declaração conjunta.

Se a licença parental não for partilhada, o progenitor que a gozar deve informar o seu empregador, no mesmo prazo de 7 dias, do início e termo, entregando declaração do outro progenitor de que não a gozará.

36. O que é a licença parental exclusiva da mãe?

É a licença que a mãe é obrigada a gozar durante 6 semanas após o parto, sem prejuízo da licença parental inicial antes do parto até 30 dias.

Para tal, deve informar o empregador da data previsível do parto, com atestado médico e a antecedência de 10 dias ou, logo que possível, em caso de urgência.

37. E se a mãe ou o pai não puderem gozar a licença parental inicial?

Se a mãe não puder gozar a licença parental inicial por incapacidade física, psíquica ou morte, o pai tem direito a gozá-la durante 30 dias, devendo informar o empregador, com atestado médico ou certidão de óbito.

A mãe também tem direito à mesma licença, se o pai não puder gozá-la, total ou parcialmente, pelos mesmos motivos.

38. O que é a licença parental exclusiva do pai?

É a licença de 10 dias úteis, seguidos ou interpolados, que o pai é obrigado a gozar nos 30 dias seguintes ao nascimento do filho, 5 dos quais gozados imediatamente a seguir a este. Para este efeito, deve avisar o empregador com a antecedência mínima de 5 dias.

O pai tem ainda direito a mais 10 dias úteis de licença, seguidos ou interpolados, se forem gozados, simultaneamente, com a licença parental inicial da mãe.

No caso de nascimentos múltiplos, o período de licença é acrescido de 2 dias por cada gémeo além do primeiro.

39. Qual é a duração da licença para adopção?

Em caso de adopção de menor de 15 anos, o candidato a adoptante tem direito à licença parental inicial de 120 ou 150 dias seguidos, a partir da confiança judicial ou administrativa. No caso de adopções múltiplas, o período de licença é acrescido de 30 dias por cada adopção além da primeira.

40. Em que consiste a dispensa para consulta pré-natal?

A trabalhadora grávida tem direito a dispensa do trabalho para consultas pré-natais, sempre que necessário, podendo o empregador exigir documento comprovativo, se aquelas ocorrerem dentro do horário de trabalho.

O pai tem direito a 3 dispensas para acompanhar a trabalhadora às consultas pré-natais.

41. Em que consiste a dispensa para amamentação ou aleitação?

A mãe que amamenta o filho tem direito à dispensa enquanto durar a amamentação, devendo avisar o empregador com 10 dias de antecedência e entregar atestado médico a partir de um ano.

No caso da *aleitação*, a dispensa do pai ou da mãe é limitada a um ano.

Salvo acordo, a dispensa é gozada em 2 períodos distintos de uma hora, acrescidos de 30 minutos por cada gémeo além do primeiro.

42. Qual é o limite de faltas para assistência a filho?

O trabalhador pode faltar para assistência inadiável e imprescindível, em caso de doença ou acidente, a filho menor de 12 anos ou, independentemente da idade, com deficiência ou doença crónica, até 30 dias por ano ou durante a hospitalização.

Se o filho tiver 12 ou mais anos de idade ou, sendo maior, continuar no seu *agregado familiar*, o trabalhador pode faltar, em caso de doença ou acidente, até 15 dias por ano. Aos referidos dias acresce um dia por cada filho além do primeiro.

43. Qual é o limite de faltas para assistência a neto?

O trabalhador pode faltar até 30 dias seguidos após o nascimento do neto que consigo viva e seja filho de adolescente com menos de 16 anos ou para lhe prestar assistência inadiável em caso de doença ou acidente ou a qualquer neto menor com deficiência ou doença crónica.

44. Em que consiste a licença parental complementar?

Para assistência a filho ou adoptado até 6 anos, os pais têm direito a licença parental complementar, mediante aviso prévio de 30 dias, numa das seguintes modalidades:

– Licença parental alargada por 3 meses;

- Licença a tempo parcial durante 12 meses;
- Períodos intercalados de licença parental alargada e de trabalho a tempo parcial;
- Ausências interpoladas no total de 3 meses.

45. Em que consiste a licença para assistência a filho?

Esgotada a licença parental complementar, os pais têm ainda direito a uma licença para assistência a filho, pelo período de 2 anos ou, no caso de terceiro filho ou mais, de 3 anos, mediante aviso prévio de 30 dias.

46. Em que consiste a licença para assistência a filho com deficiência ou doença crónica?

Os pais têm direito a licença para assistência a filho com deficiência ou doença crónica, menor de 12 anos, pelo período de 6 meses, prorrogável até 4 anos, mediante aviso prévio de 30 dias. Se tiver 12 ou mais anos, a necessidade tem de ser confirmada por atestado médico.

47. Os pais do menor com deficiência ou doença crónica podem reduzir o tempo de trabalho?

Os pais de menor com deficiência ou doença crónica têm direito à redução de 5 horas por semana, excepto se um progenitor não exercer actividade profissional e não estiver impedido de exercer o poder parental.

Para tal, deve informar o empregador, com atestado médico e antecedência de 10 dias.

48. Os pais de menor de 12 anos ou com deficiência ou doença crónica podem trabalhar a tempo parcial?

Os pais de menor de 12 anos ou com deficiência ou doença crónica que com eles vivam têm direito a trabalhar metade do tempo completo, diariamente ou em 3 dias por semana depois da licença parental complementar.

Este direito pode ser exercido até 2 anos ou a partir do terceiro filho, até 3 anos ou ainda, no caso de filho com deficiência ou doença crónica, até 4 anos.

Devem pedi-lo, por escrito, com a antecedência de 30 dias.

49. Os mesmos pais têm direito a um horário de trabalho flexível?

Os pais de menor de 12 anos ou de filho com deficiência ou doença crónica que com eles vivam podem escolher as horas de início e termo do período normal de trabalho diário, podendo trabalhar até 10 horas diárias, sem prejuízo do cumprimento do período normal de trabalho semanal, em média, durante 4 semanas. Devem pedi-lo, por escrito, com a antecedência de 10 dias.

50. Como são protegidas as trabalhadoras grávidas, puérperas ou lactantes relativamente à duração do trabalho?

As trabalhadoras grávidas, puérperas e lactantes estão dispensadas da prestação de trabalho em regime de adaptabilidade, de banco de horas ou de horário concentrado e no período nocturno (entre as 20 horas de um dia e as 7 do dia seguinte), durante um período de 112 dias antes e depois do parto ou durante toda a gravidez e a amamentação se for necessário para a sua saúde ou do filho.

A trabalhadora grávida e os trabalhadores com filho menor de 12 meses estão dispensados de trabalho suplementar.

51. Como é protegida a segurança e a saúde da trabalhadora grávida, puérpera ou lactante?

As trabalhadoras grávidas, puérperas ou lactantes têm direito a especiais condições de segurança e saúde nos locais de trabalho, não podendo exercer actividades com riscos de exposição a agentes ou condições de trabalho que ponham em perigo a sua segurança ou saúde ou o desenvolvimento do *nascituro*.

52. Como é protegida a trabalhadora grávida, puérpera ou lactante ou a trabalhadora no gozo de licença parental em caso de despedimento?

Esse despedimento presume-se feito sem justa causa e carece de parecer prévio da Comissão para a Igualdade no Trabalho e no Emprego, após a conclusão das diligências probatórias requeridas pelo trabalhador na resposta à nota de culpa. Se o parecer for desfavorável, o despedimento só poderá ser efectuado após decisão judicial.

53. Quais são os efeitos das ausências resultantes das licenças, faltas e dispensas por motivo da parentalidade?

São consideradas prestação efectiva de trabalho e não implicam a perda de quaisquer direitos, com excepção da retribuição, as ausências resultantes de:

- Licença em situação de risco clínico durante a gravidez;
- Licença por interrupção da gravidez;
- Licença parental, em qualquer das modalidades;
- Licença por adopção;
- Licença parental complementar, em qualquer das modalidades;
- Falta para assistência a filho;
- Falta para assistência a neto;
- Dispensa de prestação de trabalho no período nocturno;
- Dispensa da prestação de trabalho por parte de trabalhadora grávida, puérpera ou lactante, por motivo de protecção da sua segurança e saúde.

A dispensa para consulta pré-natal, amamentação ou *aleitação* é, também, considerada prestação efectiva de trabalho, não afectando o direito à retribuição.

TRABALHO DE MENORES[1]

54. Quais são as condições normais para a admissão de menor ao trabalho?

O menor só pode ser admitido ao trabalho se, cumulativamente, tiver:

- 16 anos, no mínimo;
- A escolaridade obrigatória;
- Capacidade física e psíquica adequada ao posto de trabalho.

55. E se o menor tiver menos de 16 anos, mas já tiver concluído a escolaridade obrigatória?

Neste caso, só poderá prestar trabalhos leves que não afectem a integridade física, segurança e saúde nem a assiduidade escolar ou a participação em programas de orientação ou formação nem o seu desenvolvimento físico, psíquico, intelectual e moral.

O menor beneficia do estatuto de trabalhador-estudante e a duração da dispensa para frequência de aulas será aumentada para o dobro (n.º 66).

O menor também poderá prestar trabalhos leves, com autonomia, sujeito às mesmas limitações.

56. E se tiver menos de 16 anos e não tiver nem escolaridade obrigatória nem formação profissional?

Só poderá trabalhar se frequentar modalidade de educação ou formação que confira escolaridade obrigatória ou qualificação profissional, salvo durante as férias escolares.

[1] A participação de menores em actividade de natureza cultural, artística ou publicitária foi regulada pelos arts. 1.º a 11.º da Lei n.º 105//2009, de 14 de Setembro.

57. Quais são os requisitos de validade de um contrato de trabalho com menor?

O contrato será válido apenas se, cumulativamente, o menor tiver:

- 16 anos e a escolaridade obrigatória, sem autorização escrita dos representantes legais ou
- Autorização escrita dos representantes legais, se não tiver 16 anos nem a escolaridade obrigatória.

58. Qual é o período normal de trabalho do menor?

Não pode ser superior a 8 horas diárias e 40 semanais. No caso de trabalhos leves por menor com idade inferior a 16 anos, não pode ser superior a 7 horas diárias nem a 35 semanais.

Também não pode prestar trabalho suplementar, salvo casos excepcionais.

Se tiver menos de 16 anos, não pode trabalhar entre as 20 horas de um dia e as 7 horas do dia seguinte e, se tiver 16 anos ou mais, não pode trabalhar entre as 22 horas e as 7 horas do dia seguinte.

Em qualquer caso, o menor está dispensado de prestar trabalho em regime de adaptabilidade, de banco de horas ou de horário concentrado que possa prejudicar a sua saúde ou segurança no trabalho.

59. Como está garantido o descanso diário do menor?

Tem um intervalo diário de descanso de uma a duas horas, não podendo trabalhar mais de 4 horas seguidas, se tiver menos de 16 anos ou 4 horas e 30 minutos, se tiver 16 ou mais anos.

Também tem direito a 14 horas seguidas de descanso entre os períodos de trabalho de 2 dias sucessivos, se tiver menos de 16 anos ou 12 horas seguidas, se tiver 16 ou mais anos.

CAPACIDADE REDUZIDA, DEFICIÊNCIA E DOENÇA CRÓNICA

60. Quais são os direitos do trabalhador com capacidade de trabalho reduzida?

Tem direito a condições de trabalho adequadas, incluindo a adaptação do seu posto de trabalho e a formação profissional apropriada.

61. Quais são os direitos do trabalhador com deficiência ou doença crónica?

Tem os mesmos direitos dos demais trabalhadores no acesso ao emprego, formação, promoção, carreira profissional e condições de trabalho, sem prejuízo da especificidade da sua situação.

Não é obrigado a prestar trabalho suplementar nem outro que possa prejudicar a sua saúde e segurança, designadamente em regime de adaptabilidade, de banco de horas ou horário concentrado ou entre as 20 horas de um dia e as 7 do dia seguinte.

TRABALHADOR – ESTUDANTE

62. O que é um trabalhador-estudante?

É o trabalhador que frequenta qualquer nível de educação escolar, incluindo cursos de pós-graduação, mestrados ou doutoramentos em instituições de ensino ou curso de formação profissional ou programa de ocupação temporária de jovens com duração igual ou superior a seis meses.

63. Como se obtém o estatuto de trabalhador-estudante?

O trabalhador tem de provar ao empregador a sua condição de estudante e apresentar-lhe o horário das suas actividades educativas.

64. Como se mantém o estatuto de trabalhador-estudante?

Deve provar ao empregador que teve aproveitamento escolar no final do ano lectivo e provar no estabelecimento de ensino a sua qualidade de trabalhador por qualquer meio legalmente admissível.

O estatuto mantém-se se, entretanto, o trabalhador ficar na situação de desemprego involuntário, inscrito no centro de emprego.[2]

65. O que se considera aproveitamento escolar?

Considera-se aproveitamento escolar a passagem de ano ou a aprovação ou progressão em metade das disciplinas, dos módulos ou unidades equivalentes de cada disciplina, salvo nos casos de acidente de trabalho ou doença profissional, doença prolongada, licença em situação de risco clínico durante a gravidez, licença parental inicial, licença por adopção ou licença parental complementar por período não inferior a um mês.

66. Qual é a duração da dispensa de trabalho para frequência de aulas?

O trabalhador-estudante tem direito às seguintes dispensas para frequência de aulas, sem perda de direitos:

- 3 horas semanais, se trabalhar de 20 a 29 horas;
- 4 horas semanais, se trabalhar de 30 a 33 horas;

[2] Esta matéria foi regulada pelo art. 12.º da Lei n.º 105/2009, de 14 de Setembro e alterada pela Lei nº 23/2012, de 25 de Junho.

– 5 horas semanais, se trabalhar de 34 a 37 horas;
– 6 horas semanais, se trabalhar 38 ou mais horas.

O horário do trabalho deve ser ajustado às aulas e o trabalhador-estudante não é obrigado a prestar trabalho em regime de adaptabilidade, de banco de horas ou de horário concentrado, salvo motivo de *força maior*.

67. O trabalhador-estudante pode faltar ao trabalho para as provas de avaliação?

Tem o direito de faltar justificadamente ao trabalho até 4 dias por disciplina em cada ano lectivo, nas seguintes condições:

- No dia da prova e no dia imediatamente anterior;
- No caso de provas seguidas ou de mais de uma prova no mesmo dia, os dias imediatamente anteriores serão em número igual aos das provas;
- Os dias imediatamente anteriores às provas incluem dias de descanso semanal e feriados;
- As faltas não podem exceder 4 dias por disciplina em cada ano lectivo.

Em alternativa, pode cumular os dias anteriores ao dia da prestação das provas, até 3 dias, se o curso estiver organizado no regime de ECTS (sistema europeu de transferências e cumulação de créditos).

Pode, ainda, faltar por motivo das deslocações às provas de avaliação, mas não serão retribuídas mais de 10 faltas em cada ano lectivo.

68. Como são marcadas as férias do trabalhador-estudante?

O trabalhador-estudante tem direito a marcá-las conforme as exigências escolares, podendo gozar 15 dias de férias interpoladas. Também tem direito a 10 dias úteis de licença sem retribuição, mediante aviso prévio.

69. O trabalhador-estudante pode gozar licença sem retribuição?

O trabalhador-estudante tem direito, em cada ano civil, à licença sem retribuição de 10 dias úteis seguidos ou interpolados, desde que a solicite com a seguinte antecedência:

- 48 horas (ou logo que possível) para licença de um dia;
- 8 dias para licença de 2 a 5 dias;
- 15 dias para licença de mais de 5 dias.

EMPRESAS

70. Quais são os tipos de empresa?

As empresas são classificadas em:

- Microempresa: com menos de 10 trabalhadores;
- Pequena empresa: de 10 a menos de 50 trabalhadores;
- Média empresa: de 50 a menos de 250 trabalhadores;
- Grande empresa: com 250 ou mais trabalhadores.

71. O empregador pode elaborar regulamentos internos?

O empregador pode elaborar regulamentos internos de empresa sobre a organização e disciplina do trabalho, após audição das organizações representativas dos trabalhadores. O regulamento interno deve ser afixado na sede da empresa e nos locais de trabalho para conhecimento dos trabalhadores.

72. O trabalhador pode trabalhar para vários empregadores?

O trabalhador pode trabalhar para vários empregadores do mesmo grupo económico ou que tenham organizações comuns, mas deve constar do contrato escrito a identificação do empregador que os representa, sem prejuízo da responsabilidade solidária de todos pelo cumprimento das obrigações do contrato.

PROMESSA DE CONTRATO DE TRABALHO

73. A promessa de contrato de trabalho deve ser cumprida?

A promessa de contrato de trabalho deve ser cumprida. Se uma parte não a cumprir, a outra parte tem direito a indemnização pelos prejuízos sofridos.

74. Quais são as formalidades da promessa de contrato de trabalho?

A promessa de contrato de trabalho deve ser escrita e conter os seguintes elementos:

- Identificação, assinaturas e domicílio ou sede das partes;
- Declaração da vontade de o promitente se obrigar a celebrar o referido contrato;
- Actividade a prestar e retribuição.

PERÍODO EXPERIMENTAL

75. O que é o período experimental?

É o tempo inicial de execução do contrato em que qualquer das partes pode denunciar sem invocação de justa causa nem indemnização, salvo acordo escrito em contrário.

76. Qual é a duração do período experimental?

Nos contratos sem termo:

- 90 dias em geral;
- 180 dias para cargos de complexidade técnica, elevada responsabilidade, especial qualificação ou confiança;
- 240 dias para cargos de direcção e quadros superiores.

Nos contratos a termo:

- 30 dias quando a duração é igual ou superior a 6 meses;
- 15 dias quando a duração é inferior a 6 meses ou nos contratos a termo incerto com duração previsível inferior a 6 meses.

Nos contratos em comissão de serviço: até 180 dias, mediante acordo expresso.

77. Em que casos o período experimental é reduzido ou excluído?

O período experimental é reduzido ou excluído quando o trabalhador tenha, anteriormente, exercido a mesma actividade para o mesmo empregador, como contratado a termo, trabalhador temporário ou prestador de serviços, com duração inferior, igual ou superior àquele período.

78. O empregador tem de dar aviso prévio para denunciar o contrato durante o período experimental?

O empregador só tem de avisar o trabalhador com a antecedência de 7 dias se o período experimental tiver durado mais de 60 dias e de 15 dias se aquele tiver durado mais de 120 dias.

MOBILIDADE FUNCIONAL

79. Que funções deve exercer o trabalhador?

O trabalhador deve, em princípio, exercer as funções correspondentes à actividade para que foi contratado, sobretudo, as mais adequadas às suas aptidões e qualificação profissional.

80. Quais as funções compreendidas na actividade contratada?

A actividade contratada, incluindo a categoria profissional, compreende as funções afins ou funcionalmente ligadas para as quais o trabalhador tenha qualificação adequada e que não impliquem desvalorização profissional.

Consideram-se afins ou funcionalmente ligadas as funções compreendidas no mesmo grupo ou carreira profissional.

81. O trabalhador pode ser obrigado a exercer funções não compreendidas na actividade contratada?

O empregador pode incumbir o trabalhador de exercer temporariamente outras funções não contratadas, se tal não implicar modificação substancial da sua posição na empresa.

82. Quais são as condições da mobilidade funcional?

A ordem de *mobilidade funcional* deve ser justificada, com indicação da sua duração previsível e a retribuição do trabalhador não poderá ser diminuída, devendo este beneficiar das condições mais favoráveis inerentes às novas funções.

83. A mobilidade funcional pode ser alargada ou restringida?

O empregador e o trabalhador podem alargar ou restringir a *mobilidade funcional*, mas o acordo caduca ao fim de dois anos se nunca tiver sido aplicado.

84. Quais são os principais deveres do empregador?

Os principais deveres do empregador são:

- Respeitar e tratar o trabalhador com urbanidade;
- Pagar, pontualmente, a retribuição justa e adequada ao trabalho;
- Proporcionar boas condições de trabalho;
- Contribuir para o aumento da produtividade, proporcionando ao trabalhador formação profissional adequada;
- Respeitar a autonomia técnica e a *deontologia* profissional do trabalhador;
- Possibilitar o exercício de cargos nas organizações representativas dos trabalhadores;
- Prevenir riscos e doenças profissionais e indemnizar o trabalhador pelos prejuízos resultantes de acidentes de trabalho;
- Respeitar as regras de segurança e saúde no trabalho;
- Fornecer ao trabalhador a informação e a formação adequadas à prevenção de riscos de acidente ou doença;
- Manter actualizado, em cada estabelecimento, o registo dos trabalhadores.
- Comunicar à Autoridade para as Condições de Trabalho a adesão ao fundo de compensação do trabalho.

85. Quais são as principais garantias do trabalhador?

O empregador não pode:

- Opor-se a que o trabalhador exerça os seus direitos ou prejudicá-lo por causa desse exercício;
- Impedir que o trabalhador preste a sua actividade sem justificação;
- Exercer pressão para o trabalhador aceitar piores condições de trabalho;
- Diminuir, ilegalmente, a retribuição;
- Mudar, ilegalmente, o trabalhador para categoria inferior;

- Transferir, ilegalmente, o trabalhador para outro local de trabalho;
- Ceder, ilegalmente, o trabalhador para utilização de terceiro;
- Obrigar o trabalhador a adquirir bens ou serviços;
- Fazer cessar o contrato e readmitir o trabalhador.

86. Quais são os principais deveres do trabalhador?

Os principais deveres do trabalhador são os seguintes:
- Respeitar e tratar com urbanidade o empregador, os superiores hierárquicos, os companheiros de trabalho e as pessoas que se relacionem com a empresa;
- Comparecer ao serviço com assiduidade e pontualidade;
- Realizar o trabalho com zelo e diligência;
- Participar de modo diligente nas acções de formação profissional;
- Cumprir as ordens e instruções do empregador respeitantes ao trabalho, que não sejam contrárias aos seus direitos ou garantias;
- Não negociar em concorrência com o empregador nem divulgar informações confidenciais;
- Velar pela boa utilização de bens confiados pelo empregador;
- Contribuir para a melhoria da produtividade da empresa;
- Cumprir as regras de segurança e saúde no trabalho.

FORMAÇÃO PROFISSIONAL[3]

87. Quais são os objectivos da formação profissional?

Os objectivos da formação profissional são:
- Proporcionar qualificação inicial aos jovens trabalhadores;

[3] Esta matéria foi regulada pelos arts. 13.º a 15.º da Lei n.º 105/ /2009, de 14 de Setembro.

- Assegurar a formação contínua dos trabalhadores;
- Promover a qualificação ou reconversão profissional de trabalhador em risco de desemprego;
- Promover a reabilitação profissional de trabalhador com deficiência;
- Promover a integração sócio-profissional de trabalhador com dificuldades de inserção.

88. Quais são os deveres do empregador no âmbito da formação contínua?

Os deveres do empregador no âmbito da formação contínua são os seguintes:

- Promover o desenvolvimento e a adequada qualificação do trabalhador;
- Assegurar a cada trabalhador um número mínimo anual de horas de formação;
- Organizar a formação na empresa, estruturando planos de formação anuais ou plurianuais;[4]
- Reconhecer e valorizar a qualificação adquirida pelo trabalhador.

O empregador deve assegurar formação contínua a, pelo menos, 10% dos trabalhadores da empresa em cada ano.

89. Quais são os direitos do trabalhador no âmbito da formação profissional?

O trabalhador tem direito, anualmente, à seguinte formação certificada:

- Nos contratos sem termo: 35 horas;
- Nos contratos a termo por período igual ou superior a 3 meses: um número de horas proporcional à duração do contrato nesse ano.

[4] Esta obrigação não se aplica às microempresas.

90. E se o empregador não assegurar a formação?

Decorridos 2 anos, o trabalhador terá o mesmo crédito de horas, na falta de acordo, à sua escolha, em que poderá utilizar numa área correspondente à sua actividade ou nas áreas de tecnologias de informação, comunicação, segurança e saúde no trabalho ou língua estrangeira.

91. O que se considera formação certificada?

Considera-se formação certificada a desenvolvida por entidade formadora certificada para o efeito, por estabelecimento de ensino reconhecido pelo ministério competente ou pelo empregador, incluindo as horas de dispensa de trabalho para frequência de aulas e as faltas para prestação de provas de avaliação do trabalhador-estudante, bem como as ausências no âmbito de processo de reconhecimento, validação e certificação de competências.

92. Como pode o trabalhador utilizar o crédito de horas para formação contínua?

O trabalhador pode utilizar o crédito de horas para acções de formação contínua mediante aviso prévio de 10 dias. O crédito de horas cessa se não for utilizado no prazo de 3 anos.

LIBERDADE DE TRABALHO

93. Pode ser restringida a liberdade de trabalho após a cessação do contrato?

É nula a cláusula que possa afectar a liberdade de trabalho após a cessação do contrato (pacto de não concorrência).

Porém, é lícita a limitação da actividade do trabalhador até 2 anos depois da cessação do contrato, desde que se verifiquem, cumulativamente, os seguintes requisitos:

- Acordo escrito;
- Actividade prejudicial para o empregador;
- Pagamento de compensação ao trabalhador.

94. É válido o acordo que obrigue o trabalhador a permanecer na empresa?

O trabalhador pode obrigar-se a cumprir o contrato de trabalho até 3 anos, (pacto de permanência) desde que o empregador tenha feito despesas elevadas com a sua formação profissional. No entanto, o trabalhador poderá denunciar o contrato se pagar o montante correspondente às despesas.

CONTRATO A TERMO

95. Em que condições é admissível o contrato a termo?

Em geral, o contrato a termo só pode ser celebrado para satisfazer necessidades temporárias da empresa. Além disso, também pode ser admitido para:

- Lançamento de nova actividade ou início de laboração de empresa (ou de seu estabelecimento) com menos de 750 trabalhadores;
- Contratação de *trabalhadores à procura de primeiro emprego* ou *desempregados de longa duração*.

96. O que se considera necessidade temporária da empresa?

Considera-se existir necessidade temporária nos seguintes casos:

- Substituição de trabalhador ausente ou temporariamente impedido de trabalhar.

- Substituição de trabalhador com acção pendente de impugnação do despedimento;
- Substituição de trabalhador na situação de licença sem retribuição;
- Substituição de trabalhador a tempo completo que passe a tempo parcial por período determinado;
- Actividade sazonal ou outra com produção irregular decorrente do respectivo mercado;
- Acréscimo excepcional de actividade da empresa;
- Execução de tarefa ocasional ou serviço determinado não duradouro;
- Execução de obra, projecto ou outra actividade definida e temporária, incluindo a execução, direcção ou fiscalização de trabalhos de construção civil, obras públicas, montagens e reparações industriais e respectivos projectos.

A necessidade temporária deve estar devidamente fundamentada no contrato.

97. A que formalidades está sujeito o contrato a termo?

Está sujeito a forma escrita, devendo conter, entre outros elementos, a actividade, a retribuição, o local e duração normal do trabalho, as datas do início do trabalho, da celebração e cessação do contrato, se for a termo certo e motivo justificativo do termo.

98. A que formalidades está sujeito o contrato de trabalho de muito curta duração?

O contrato de trabalho para actividade sazonal agrícola, evento turístico ou actividade artística destinada a espectáculos, não superior a 15 dias não está sujeito a forma escrita, bastando comunicá-lo à Segurança Social, mediante formulário electrónico. No entanto, a duração total dos contratos de trabalho a termo com o mesmo empregador não pode exceder 70 dias de trabalho no ano civil.

99. Pode haver celebração sucessiva de contratos a termo?

Não é admissível a celebração de novo contrato de trabalho a termo após a cessação de idêntico contrato para o mesmo posto de trabalho nem de contrato de prestação de serviços com o mesmo objecto e com o mesmo empregador ou sociedade do mesmo grupo, sem que tenha decorrido um terço da duração do contrato, salvo nos seguintes casos:

- Nova ausência do trabalhador substituído;
- Acréscimo excepcional da actividade;
- Actividade sazonal;
- Se tiver sido anteriormente contratado um trabalhador à procura do primeiro emprego.

100. Em que consiste a preferência na admissão do contratado a termo?

O contratado a termo tem preferência na admissão, em igualdade de condições, durante 30 dias após a cessação do seu contrato.

101. Em que casos se considera o contrato sem termo?

O contrato considera-se sem termo nos seguintes casos:

- Quando se pretende defraudar a lei;
- Quando é celebrado fora das situações indicadas nos nos 95 e 96;
- Quando seja verbal, sejam omitidas a identificação ou a assinatura das partes ou, simultaneamente, as datas do contrato e do início do trabalho, bem como o termo ou o motivo suficientemente justificativo;
- Quando foi celebrado após a cessação do contrato de trabalho a termo fora das condições descritas no n.º 99.

102. Em que casos se converte em contrato sem termo?

Converte-se em contrato sem termo:
- Quando o contrato se renova contra o acordado ou fora das condições exigidas para a sua celebração;
- Quando é excedido o prazo ou há mais que três renovações;
- No contrato a termo incerto, quando o trabalhador permanecer mais de 15 dias após a verificação do termo.

103. Qual é a duração do contrato de trabalho a termo?

O contrato de trabalho a termo certo pode ser renovado 3 vezes e durar até:
- 18 meses, se for trabalhador à procura de primeiro emprego;
- 2 anos nas situações de:
- Lançamento de nova actividade de duração incerta;
- Início de laboração da empresa ou de estabelecimento pertencente a empresa com menos de 750 trabalhadores;
- Desemprego de longa duração;
- 3 anos nos restantes casos, incluindo a duração de contratos de trabalho temporário para o mesmo posto de trabalho ou de prestação de serviços para o mesmo objecto com o mesmo empregador ou sociedade do mesmo grupo.

O contrato de trabalho a termo incerto não pode durar mais de 6 anos.

Se o contrato de trabalho a termo certo atingir o limite máximo até 30 de Junho de 2013, poderá ainda ter duas renovações extraordinárias, no total de 18 meses.[5]

104. O contrato de trabalho a termo pode ser celebrado por prazo inferior a 6 meses?

O contrato de trabalho a termo certo pode ser celebrado por prazo inferior a 6 meses nas situações previstas no n.º 96,

[5] Este regime extraordinário foi estabelecido pela Lei nº 3/2012, de 10 de Junho.

excepto para "execução de obra, projecto ou outra actividade definida e temporária, incluindo a execução, direcção ou fiscalização de trabalhos de construção civil, obras públicas, montagens e reparações industriais e respectivos projectos".

TRABALHO A TEMPO PARCIAL

105. O que é o contrato de trabalho a tempo parcial?

É o contrato em que o período normal de trabalho é inferior ao praticado a tempo completo em situação comparável.

106. Quais são as formalidades do contrato de trabalho a tempo parcial?

O contrato de trabalho a tempo parcial deve ser escrito e conter os seguintes elementos:

- Identificação, assinatura e domicílio das partes;
- Indicação do período normal de trabalho diário ou semanal.

107. Quais são os direitos do trabalhador a tempo parcial?

O trabalhador a tempo parcial tem direito:

- A tratamento idêntico ao trabalhador a tempo completo em situação comparável;
- A passar a tempo completo, por acordo escrito;
- À retribuição e a outras prestações auferidas pelo trabalhador a tempo completo em situação comparável, na proporção do período normal de trabalho semanal;
- Ao subsídio de refeição completo, excepto se o período normal de trabalho diário for inferior a 5 horas, caso em que é calculado proporcionalmente.

108. Quem tem preferência na admissão para o trabalho a tempo parcial?

Os instrumentos de regulamentação colectiva de trabalho podem atribuir preferência a pessoas com responsabilidades familiares, com capacidade reduzida, deficiência ou doença crónica ou que frequentem estabelecimento de ensino.

TRABALHO INTERMITENTE

109. O que é o contrato de trabalho intermitente?

É o contrato em que a prestação do trabalho é intercalada por um ou mais períodos de inactividade.

110. A que formalidades está sujeito o contrato de trabalho intermitente?

Está sujeito a forma escrita, devendo conter o número anual de horas de trabalho ou de dias de trabalho a tempo completo, que não poderá ser inferior a 6 meses por ano, dos quais, pelo menos, 4 meses seguidos.

111. Quais são os direitos dos trabalhadores durante a inactividade?

Têm direito à compensação de 20% da retribuição base na falta de regulamentação colectiva, podendo exercer outra actividade.

112. Que funções podem ser exercidas em comissão de serviço?

Podem ser exercidas em comissão de serviço as funções de:
- Administração ou equivalente;
- Direcção ou chefia dependentes da administração;
- Director geral ou equivalente;
- Secretariado pessoal dos referidos administradores, directores e equivalentes;
- Outras que pressupõem especial relação de confiança com os titulares daqueles cargos de administração e direcção e funções de chefia, conquanto estejam previstas nos instrumentos de regulamentação colectiva de trabalho.

113. A que formalidades está sujeito o contrato de comissão de serviço?

Está sujeito a forma escrita e dele devem constar, entre outras indicações, o cargo ou as funções a desempenhar, com menção expressa do regime de comissão de serviço e a actividade anteriormente exercida pelo trabalhador ou a que irá exercer após a cessação da comissão de serviço.

114. Quais os direitos do trabalhador após a cessação da comissão de serviço?

Tem direito a exercer a actividade anteriormente desempenhada ou a correspondente à categoria a que tiver sido promovido.

Tem ainda direito a resolver o contrato de trabalho no prazo de 30 dias a contar da decisão que ponha termo à comissão de serviço com direito a indemnização de 20 dias de retribuição base e diuturnidades por cada ano completo de antiguidade, tal como no caso de a extinção da comissão de serviço implicar a cessação do contrato de trabalho.[6]

TELETRABALHO

115. O que é o contrato de teletrabalho?

É o contrato em que o trabalhador presta, habitualmente, a sua actividade fora da empresa, através do computador, telefone e outras tecnologias de informação e comunicação, mas com sujeição às ordens e fiscalização do empregador.

116. A que formalidades está sujeito o contrato de teletrabalho?

Está sujeito à forma escrita e dele devem constar, entre outras indicações, a actividade a prestar, a duração do trabalho, a propriedade dos instrumentos de trabalho, a identificação do departamento ou estabelecimento e do interlocutor que o teletrabalhador deve contactar.

117. Que direitos tem o teletrabalhador?

Tem os mesmos direitos dos outros trabalhadores, em particular, à instalação e manutenção dos instrumentos de trabalho e ao pagamento das respectivas despesas, bem como ao respeito pela privacidade, repouso e descanso da família, sendo vedadas as visitas do empregador ao domicílio do trabalhador entre as 19 e as 9 horas.

---

[6] O alargamento aos trabalhadores que exercem uma actividade que pressupõe uma especial relação de confiança com titulares de novos cargos de chefia só é aplicável a partir de 1 de Agosto de 2012.

118. O que é o contrato de trabalho temporário?

É o contrato de trabalho a termo celebrado entre uma empresa de trabalho temporário e um trabalhador, pelo qual este se obriga a prestar a sua actividade a utilizadores, mediante retribuição daquela.

119. O que é o contrato de trabalho por tempo indeterminado para cedência temporária?

É o contrato de trabalho por tempo indeterminado celebrado entre uma empresa de trabalho temporário e um trabalhador, pelo qual este se obriga a prestar temporariamente a sua actividade a utilizadores, mediante retribuição daquela.

120. Em que caso pode ser celebrado o contrato de trabalho temporário?

O contrato de trabalho temporário pode ser celebrado nas seguintes situações:

- Substituição de trabalhador ausente ou temporariamente impedido de trabalhar;
- Substituição de trabalhador em relação ao qual esteja pendente em juízo acção de apreciação da licitude de despedimento;
- Substituição de trabalhador na situação de licença sem retribuição;
- Substituição de trabalhador a tempo completo que passe a prestar trabalho a tempo parcial por período determinado;
- Actividade sazonal ou outra com produção irregular decorrente do respectivo mercado;
- Acréscimo excepcional de actividade da empresa;
- Execução de tarefa ocasional ou serviço determinado precisamente definido e não duradouro;

- Vacatura do posto de trabalho durante o recrutamento;
- Necessidade ininterrupta de mão-de-obra ou de prestação de apoio familiar e directo, de natureza social durante dias ou partes de dias;
- Realização de projecto temporário.

121. Quais são as formalidades do contrato de trabalho temporário?

O contrato de trabalho temporário deve ser escrito em dois exemplares e conter os seguintes elementos:

- Identificação, assinaturas, domicílio das partes, número e data do alvará da empresa de trabalho temporário;
- Motivo justificativo da celebração do contrato;
- Actividade contratada;
- Local e período normal de trabalho;
- Retribuição;
- Data de início do trabalho;
- Termo do contrato;
- Data da celebração.

122. Qual é a duração do contrato de trabalho temporário?

O contrato de trabalho temporário não pode exceder a causa justificativa nem os seguintes limites:

- 6 meses no caso de vacatura de posto de trabalho;
- 12 meses no caso de acréscimo excepcional da actividade da empresa;
- 2 anos nos restantes casos.

123. Quais são as condições de trabalho do trabalhador temporário?

O trabalhador temporário está sujeito às condições de trabalho do utilizador, mas só após 60 dias de trabalho é que beneficiará do instrumento de regulamentação colectiva de trabalho aplicável aos seus trabalhadores.

O trabalhador temporário tem direito, designadamente, à retribuição mínima do instrumento de regulamentação colectiva de trabalho aplicável e às férias, subsídio de férias e de Natal na proporção da duração do contrato.

124. Quais são os direitos do trabalhador temporário contratado a termo em matéria de formação profissional?

O trabalhador temporário contratado a termo, após 3 meses de duração do contrato, tem direito a 8 horas de formação ou a 35 horas em cada ano com um número de horas proporcional à duração do contrato nesse ano.

A empresa de trabalho temporário tem de afectar à formação profissional dos trabalhadores temporários 1% do seu volume anual de negócios.

125. O que é o contrato de trabalho por tempo indeterminado para cedência temporária?

É o contrato de trabalho celebrado entre uma empresa de trabalho temporário e um trabalhador pelo qual este se obriga a prestar a sua actividade a utilizadores, por tempo indeterminado, mediante retribuição daquela.

126. Quais são as formalidades do contrato de trabalho por tempo indeterminado para cedência temporária?

O contrato de trabalho por tempo indeterminado para cedência temporária deve ser escrito e conter os seguintes elementos:

- Identificação, assinaturas, domicílio das partes e data do alvará da licença da empresa de trabalho temporário;

- Aceitação do trabalhador da sua cedência temporária a utilizadores;
- Actividade contratada ou funções e qualificação profissional adequada;
- Área geográfica para a prestação do trabalho;
- Retribuição mínima.

LOCAL DE TRABALHO

127. Onde deve o trabalhador exercer a sua actividade?

O trabalhador deve, em princípio, exercer a sua actividade no local indicado no contrato de trabalho, salvo a *mobilidade geográfica* prevista na lei.

128. O empregador pode transferir, temporária ou definitivamente, o trabalhador para outro local de trabalho?

Pode fazê-lo, apenas nos seguintes casos, salvo acordo em contrário:

- Mudança ou encerramento, total ou parcial, do estabelecimento;
- Outro motivo de interesse para a empresa, se não houver prejuízo sério para o trabalhador.

No caso de transferência por mudança ou encerramento do estabelecimento, o trabalhador tem o direito de optar pelo teletrabalho, se este for compatível com a sua actividade.

129. E se houver acordo?

Por acordo, as partes podem alargar ou restringir a *mobilidade geográfica*, o qual caducará se não for aplicado durante dois anos.

130. Quais são os direitos do trabalhador se a transferência definitiva lhe causar prejuízos sérios?

Neste caso, o trabalhador pode resolver o contrato com direito à compensação de 20 dias de retribuição base e diuturnidades por cada ano completo de antiguidade.

131. Qual é a duração da transferência temporária?

Não pode ultrapassar 6 meses, salvo por exigências imperiosas da empresa.

132. Qual é o aviso prévio da transferência?

É de 30 dias se for definitiva e de 8 dias se for temporária.

133. O trabalhador vítima de violência doméstica tem direito à transferência de local de trabalho?

O empregador é obrigado a aceitar o pedido de transferência do trabalhador vítima de violência doméstica se este apresentar queixa-crime e sair da casa de morada da família no momento da transferência.

Contudo, poderá recusar a transferência por exigências imperiosas da empresa ou do serviço. Neste caso, o trabalhador pode suspender o contrato até que haja um posto de trabalho compatível.

DURAÇÃO DO TRABALHO

134. O que se considera tempo de trabalho?

Considera-se tempo de trabalho o período em que o trabalhador exerce a sua actividade ou está afecto ao trabalho, incluindo as seguintes interrupções e intervalos:

- Interrupções previstas em instrumento de regulamentação colectiva de trabalho, regulamento interno ou uso da empresa;
- Interrupções ocasionais para satisfazer necessidades inadiáveis do trabalhador ou consentidas pelo empregador;
- Interrupções por motivos técnicos;
- Interrupções por razões de segurança e saúde no trabalho;
- Interrupções para refeições em que o trabalhador mantém a disponibilidade para o trabalho em caso de necessidade.

135. Quais são os limites máximos do período normal de trabalho?

O período normal de trabalho não pode exceder 8 horas por dia e 40 horas por semana, com tolerância excepcional de 15 minutos.

Se o trabalho for prestado exclusivamente em dias de descanso semanal, o período normal de trabalho diário pode ser aumentado ate 4 horas por dia.

136. Em que consiste a adaptabilidade?

Por instrumento de regulamentação colectiva de trabalho, o período normal de trabalho pode ser aumentado, em termos médios, até 4 horas por dia e 60 por semana, não podendo exceder 50 horas num período de 2 meses.

Por acordo individual, o período normal de trabalho pode ser aumentado, em termos médios, até 2 horas por dia e 50 horas por semana, num período de 2 meses. Presume-se o acordo se o trabalhador não se opuser, por escrito, à proposta do empregador no prazo de 14 dias.

137. Em que consiste a adaptabilidade grupal?

Por instrumento de regulamentação colectiva de trabalho, a adaptabilidade pode ser aplicada aos trabalhadores de uma equipa, secção ou unidade económica se, pelo menos, 60% forem abrangidos por filiação no sindicato outorgante da convenção ou se, pelo menos, 75% dos trabalhadores não se opuserem, por escrito, no prazo de 15 dias, à proposta do empregador.

138. O que é o período de referência?

É o período para se apurar a duração média do trabalho em caso de adaptabilidade, que será o seguinte:

- Até 12 meses, por instrumento de regulamentação colectiva de trabalho;
- 4 meses, que poderá ser aumentado até 6 meses para familiares do empregador, administradores, directores ou para determinadas actividades.

139. O que é o regime do *banco de horas*?

O banco de horas pode ser individual (por acordo entre o empregador e o trabalhador) ou colectivo (por instrumento de regulamentação colectiva de trabalho).

Os limites são os seguintes: banco de horas individual, até 2 horas diárias, 50 horas semanais e 150 horas por ano e banco de horas colectivo, até 4 horas diárias, 60 horas semanais e 200 horas por ano.

Há ainda o banco de horas grupal em que aqueles regimes podem ser aplicados a todos os trabalhadores: o banco de horas colectivo, se 60% dos trabalhadores forem abrangidos pelo instrumento de regulamentação colectiva e o banco de horas individual, se houver acordo de 75% dos trabalhadores da equipa, secção ou unidade económica.

O limite anual de 200 horas pode ser afastado por instrumento de regulamentação colectiva de trabalho, durante 12 meses, para evitar a redução de trabalhadores.[7]

[7] Este regime foi alterado pela Lei nº 23/2012, de 25 de Junho.

140. Em que consiste o horário concentrado?

Por acordo individual ou instrumento de regulamentação colectiva de trabalho, o período normal de trabalho pode ser aumentado até 4 horas diárias no máximo de 4 dias de trabalho.

Por instrumento de regulamentação colectiva de trabalho, o período normal de trabalho pode ainda ser aumentado até 4 horas diárias no máximo de 3 dias consecutivos de trabalho, seguidos de 2 dias de descanso, sem prejuízo da duração média num período de referência de 45 dias.

141. Qual é o limite máximo da duração média do trabalho semanal?

A duração média do trabalho semanal, incluindo o suplementar, não pode ser superior a 48 horas, no período de referência (n.º 138).

142. Quem elabora o horário de trabalho?

O horário de trabalho é fixado pelo empregador, após prévia consulta das organizações representativas dos trabalhadores, com três objectivos:

- Proteger a segurança e saúde do trabalhador;
- Conciliar o trabalho com a vida familiar do trabalhador;
- Facilitar a frequência de curso escolar ou de formação técnica ou profissional.

143. Qual deve ser o intervalo de descanso?

O intervalo de descanso no período de trabalho diário deve ser de 1 a 2 horas, para que o trabalhador não preste mais de 5 horas seguidas de trabalho ou 6 se aquele período for superior a 10 horas.

Por instrumento de regulamentação colectiva de trabalho, o intervalo de descanso pode ser reduzido ou excluído, podendo o trabalhador prestar até 6 horas seguidas de trabalho.

144. Qual deve ser o descanso diário?

O trabalhador tem o direito a descansar 11 horas seguidas entre 2 períodos de trabalho, salvo casos especiais.

145. Pode ser alterado o horário de trabalho?

O horário de trabalho acordado individualmente com o trabalhador não pode ser alterado pelo empregador. Os outros horários podem ser alterados, após consulta dos trabalhadores afectados e das organizações representativas dos trabalhadores, com 7 dias de antecedência ou 3 dias nas microempresas. Este aviso prévio é dispensado se as alterações não excederem uma semana, até 3 vezes por ano.

146. Quem pode ser isento do horário de trabalho?

Podem ser isentos de horário de trabalho, por acordo escrito, os trabalhadores que se encontrem nas seguintes situações:

- Exercício de cargo de administração ou direcção, de funções de confiança, fiscalização ou apoio a titular desses cargos;
- Execução de trabalhos preparatórios ou complementares que, pela sua natureza, só possam ser efectuados fora dos limites do horário de trabalho;
- Teletrabalho e outros casos de exercício regular de actividade fora do estabelecimento, sem controlo imediato por superior hierárquico.

TRABALHO POR TURNOS

147. Como deve ser organizado o trabalho por turnos?

Os turnos devem ser organizados sempre que o período de funcionamento da empresa ultrapasse os limites máximos do período normal de trabalho, por forma a salvaguardar a segurança e a saúde dos trabalhadores.

148. Que direitos especiais têm os trabalhadores por turnos?

Os trabalhadores por turnos têm, entre outros, os seguintes direitos:

- Cada turno não pode ultrapassar os limites máximos dos períodos normais de trabalho;
- Só podem mudar de turnos após o dia de descanso semanal;
- Um dia de descanso em cada 7 dias, sem prejuízo do descanso complementar.

TRABALHO NOCTURNO

149. O que é o trabalho nocturno?

É o trabalho prestado num período de 7 a 11 horas, que compreenda o intervalo entre as 0 e as 5 horas.

Na falta de instrumento de regulamentação colectiva de trabalho, deve ser considerado trabalho nocturno o trabalho prestado entre as 22 horas de um dia e as 7 horas do dia seguinte.

150. Quem se considera trabalhador nocturno?

Considera-se trabalhador nocturno aquele que presta, pelo menos, 3 horas de trabalho nocturno em cada dia ou que trabalha num ano, durante o período nocturno, o equivalente a 3 horas por dia, salvo outra definição por instrumento de regulamentação colectiva de trabalho.

151. Que direitos especiais têm os trabalhadores nocturnos?

Os trabalhadores nocturnos têm, entre outros, os seguintes direitos:

- Protecção adequada em matéria de segurança e saúde no trabalho:
- Exames de saúde gratuitos, antes e no decurso do trabalho nocturno;
- Mudança para trabalho diverso se adoecer por causa do trabalho nocturno;
- Não trabalhar mais de 8 horas diárias, em média semanal, no regime de adaptabilidade, salvo instrumento de regulamentação colectiva de trabalho;
- Não trabalhar mais de 8 horas num período de 24 horas em que preste trabalho nocturno em certas actividades com risco especiais.

TRABALHO SUPLEMENTAR

152. Os trabalhadores são obrigados a prestar trabalho suplementar?

Os trabalhadores em geral são obrigados a prestar trabalho suplementar, salvo:

- Quando solicitam a dispensa, por motivos atendíveis;
- As trabalhadoras grávidas ou com filho até 12 meses, os menores e os trabalhadores com deficiência ou doença crónica.

153. Quais são os limites do trabalho suplementar?

- Nas microempresas ou pequenas empresas: 175 horas ou, por instrumento de regulamentação colectiva de trabalho, 200 horas por ano;
- Nas médias ou grandes empresas: 150 horas ou, por instrumento de regulamentação colectiva de trabalho, até 200 horas por ano;
- No caso de trabalhador a tempo parcial, 80 horas por ano ou o número de horas correspondente à proporção entre o

respectivo período normal de trabalho e o de trabalhador a tempo completo em situação comparável, quando superior ou, por acordo escrito, até 130 horas por ano ou ainda, por instrumento de regulamentação colectiva de trabalho, até 200 horas por ano;

- Em dia normal de trabalho, duas horas;
- Em dia de descanso semanal, obrigatório, complementar ou feriado, um número de horas igual ao período normal de trabalho diário;
- Em meio dia de descanso complementar, um número de horas igual a meio período normal de trabalho diário.

154. Qual é o descanso compensatório do trabalho suplementar?

O trabalho prestado em dia de descanso semanal obrigatório confere direito a um dia de descanso compensatório remunerado a gozar nos três dias úteis seguintes.

Foi eliminado o descanso compensatório pelo trabalho suplementar prestado em dia útil, em dia de descanso semanal complementar ou em feriado.[8]

DESCANSO SEMANAL

155. Qual é o dia de descanso semanal obrigatório?

O trabalhador tem direito a, pelo menos, um dia de descanso por semana, que deve ser o do domingo, excepto quanto presta actividade:

- Em empresas ou sectores de empresa cujo funcionamento seja incompatível com o encerramento ou a suspensão nesse dia;

[8] Esta eliminação foi imposta pela Lei nº 23/2012, de 25 de Junho, sendo nulas as cláusulas das convenções colectivas e dos contratos de trabalho que disponham sobre este descanso compensatório.

- Em dia de descanso dos restantes trabalhadores;
- Na vigilância ou limpeza;
- Em exposição ou feira.

156. Quando é que o trabalhador tem direito ao descanso semanal complementar?

O trabalhador só tem direito a um período de descanso semanal complementar nos termos previstos em instrumento de regulamentação colectiva de trabalho.

FERIADOS

157. Quais são os feriados obrigatórios?

Os feriados obrigatórios são os dias 1 de Janeiro, Sexta-Feira Santa, Domingo de Páscoa, 25 de Abril, 1 de Maio, 10 de Junho, 15 de Agosto, 8 e 25 de Dezembro.

Foram eliminados 2 feriados civis (5 de Outubro e 1 de Dezembro) e 2 religiosos (do Corpo de Deus e 1 de Novembro), com efeitos a partir de 2013, inclusivé.[9]

158. Quais são os feriados facultativos?

São a terça-feira de Carnaval e o feriado municipal, se previstos em instrumento de regulamentação colectiva de trabalho ou no contrato de trabalho.

[9] Esta eliminação foi imposta pela Lei n.º 23/2012, de 25 de Junho.

159. Quando é que o trabalhador pode gozar férias?

As férias vencem-se no dia 1 de Janeiro e são gozadas nesse ano. Porém, no ano de admissão, o trabalhador pode gozar 2 dias úteis por cada mês de duração do contrato, até ao máximo de 20, após 6 meses completos de execução do contrato. Se este prazo ultrapassar o dia 31 de Dezembro, pode gozá-las até 30 de Junho do ano seguinte.

Se o contrato tiver duração inferior a 6 meses, gozará os 2 dias úteis por cada mês no período imediatamente anterior ao seu termo.

160. Como são marcadas as férias?

As férias são marcadas por acordo entre o empregador e o trabalhador ou, na sua falta, pelo empregador para o período de 1 de Maio a 31 de Outubro, excepto nas microempresas ou se o instrumento de regulamentação colectiva de trabalho ou os representantes dos trabalhadores admitirem época diferente.

Na falta de acordo, o empregador do sector do turismo deve marcar 25% das férias entre 1 de Maio e 31 de Outubro ou percentagem superior resultante de instrumento de regulamentação colectiva de trabalho.

O mapa de férias deve ser afixado nos locais de trabalho até 15 de Abril de cada ano.

161. O trabalhador pode acumular férias?

Por acordo, as férias podem ser gozadas no primeiro trimestre do ano seguinte e o trabalhador poderá ainda acumular metade das férias do ano anterior com as férias do ano seguinte.

162. Qual é a duração do período de férias?

O período de férias tem a duração mínima de 22 dias úteis.[10] Além da retribuição dos 22 dias úteis de férias, o trabalhador tem direito ao subsídio de férias, incluindo a retribuição base e outras prestações complementares.

163. O empregador pode encerrar a empresa para férias dos trabalhadores?

Pode encerrar a empresa ou o estabelecimento, total ou parcialmente, para férias:

- Até 15 dias seguidos, entre 1 de Maio e 31 de Outubro;
- Por período superior a 15 dias ou fora desse período por instrumento regulamentação colectiva de trabalho ou com parecer favorável da comissão de trabalhadores;
- Por período superior a 15 dias seguidos, se a natureza da actividade o exigir;
- Durante 5 dias úteis seguidos nas férias escolares do Natal.
- Um dia entre um feriado que ocorra à 3ª ou 5ª feira e um dia de descanso semanal, mediante informação aos trabalhadores até 15 de Dezembro do ano anterior.[11]

164. O empregador pode alterar as férias já marcadas ou interrompê-las?

Pode alterá-las ou interrompê-las por exigências imperiosas do funcionamento da empresa, mas o trabalhador tem direito a ser indemnizado pelos prejuízos sofridos e, em qualquer caso, ao gozo seguido de, pelo menos, metade das férias.

---

[10] O aumento ate 3 dias úteis de férias em função da assiduidade foi eliminado pela Lei nº 23/2012, de 25 de Junho.

[11] O encerramento para férias nas "pontes" só entra em vigor a partir de 1 de Janeiro de 2013.

165. E se o trabalhador adoecer no período de férias?

Se o trabalhador adoecer, as férias ficam suspensas e gozará os restantes dias após a alta, num período a acordar com o empregador.

Se não puder gozá-las, tem direito à retribuição e ao subsídio respectivo.

166. E se o contrato cessar?

Após a cessação do contrato, o trabalhador tem direito à retribuição e ao respectivo subsídio correspondentes às férias não gozadas e ainda aos proporcionais ao tempo de serviço prestado nesse ano.

Porém, se o contrato não tiver durado mais de 12 meses, o trabalhador tem direito, apenas, à retribuição de férias e ao subsídio proporcional à duração do contrato.

FALTAS

167. Quais são as faltas justificadas do trabalhador?

São consideradas justificadas as seguintes faltas:

- Dadas por altura do casamento, durante 15 dias seguidos;
- Motivadas por morte de cônjuge, parente ou *afim*;
- Motivadas pela prestação de prova de avaliação do trabalhador-estudante;
- Motivadas por doença, acidente ou cumprimento de obrigação legal (por exemplo, comparência em Tribunal);
- Motivadas pela prestação de assistência inadiável e imprescindível a filho, a neto ou a membro do *agregado familiar*;
- Motivadas por deslocação à escola até quatro horas por trimestre, por cada menor;
- Dos representantes dos trabalhadores, além do crédito de horas, para exercício das respectivas funções;
- Do candidato a cargo público, nos termos da lei eleitoral;

- As autorizadas ou aprovadas pelo empregador;
- As que por lei sejam como tal consideradas.

168. Quantos dias pode faltar o trabalhador por morte de familiares?

O trabalhador pode faltar:

- Até 5 dias seguidos, por morte de cônjuge, parente ou *afim* no 1.º *grau* da *linha recta* (cônjuge, pais, filhos, padrasto, madrasta, enteado, sogros, genro, nora ou pessoa que viva em união de facto ou economia comum com o trabalhador);
- Até 2 dias seguidos, por morte de outro parente ou *afim* na *linha recta* ou no 2.º *grau* da *linha colateral* (avós, bisavós, netos, bisnetos, irmãos e cunhados).

169. E para assistência à família?

O trabalhador pode faltar até 15 dias por ano para assistência inadiável e imprescindível em caso de doença ou acidente de parente ou *afim* na *linha recta* ascendente ou no 2.º *grau* da *linha colateral*.

O empregador pode exigir prova da necessidade da assistência (por ex., declaração médica) e declaração de que outros familiares não faltaram pelo mesmo motivo ou estão impossibilitados de prestar assistência.

O trabalhador deve requerer o respectivo subsídio à Segurança Social (Mod. RP 5008).

170. Em que casos as faltas justificadas podem afectar a retribuição?

As faltas justificadas só implicam a perda de retribuição nos seguintes casos:

- Por motivo de doença, abrangida pela Segurança Social;
- Por motivo de acidente no trabalho, abrangido por seguro;

- Por motivo de assistência à família;
- As consideradas justificadas por lei além de 30 dias por ano;
- As autorizadas ou aprovadas pelo empregador.

171. O empregador pode recusar o trabalho se houver atrasos injustificados?

Se o atraso no início for superior a 60 minutos, o empregador pode recusar o trabalho durante esse dia. Se for superior a 30 minutos, pode recusá-lo, apenas, nessa parte do dia.

Nestas situações, a perda de retribuição abrange os dias ou meios dias de descanso ou feriados imediatamente anteriores ou posteriores ao dia da falta.

172. A perda de retribuição por motivo de faltas pode ser substituída?

Pode ser substituída por igual número de dias de férias sem prejuízo do gozo de 20 dias úteis ou, por instrumento de regulamentação colectiva de trabalho, pela prestação de trabalho suplementar até 4 horas diárias ou 60 semanais.

RETRIBUIÇÃO

173. O que é a retribuição?

A retribuição é a prestação a que o trabalhador tem direito pelo seu trabalho, incluindo a retribuição base e outras prestações regulares e periódicas em dinheiro ou espécie. O valor da retribuição em espécie não pode exceder a parte em dinheiro.

174. Quais são as prestações incluídas na retribuição?

São consideradas parte integrante da retribuição as seguintes prestações:

- As ajudas de custo, abonos de viagem, despesas de transporte, abonos para falhas, subsídios de refeição e outros equivalentes, devidos por deslocações ou despesas frequentes ao serviço do empregador, na parte em que excedam o montante normal de despesa e sejam considerados pelo contrato ou pelos usos como contrapartida do trabalho;
- A gratificação acordada ou legalmente devida ou a que, pela sua importância e carácter regular e permanente, seja como tal considerada pelos usos;
- A prestação relacionada com o resultado obtido pela empresa que, pelo seu título ou pelos usos, tenha atribuição regular e permanente;
- A participação nos lucros da empresa quando não seja assegurada pelo contrato uma retribuição adequada.

175. Quais são as modalidades da retribuição?

A retribuição pode ser certa, variável ou fixa. Para calcular o valor da retribuição variável, considera-se a média dos montantes das prestações nos últimos 12 meses ou nos meses de duração do contrato se esta for inferior

176. Como se calculam as prestações complementares?

Salvo lei ou acordo em contrário, as prestações complementares são calculadas a partir da retribuição base e das *diuturnidades*.

177. O que é o subsídio de Natal?

É um subsídio de valor igual a um mês de retribuição, que deve ser pago até 15 de Dezembro de cada ano. O valor do subsídio de Natal será proporcional ao tempo de serviço prestado nos anos de admissão, de cessação e de suspensão do contrato por facto respeitante ao trabalhador.

178. Qual é a retribuição por isenção de horário de trabalho?

O trabalhador isento de horário de trabalho tem direito, na falta de instrumento de regulamentação colectiva de trabalho, pelo menos, a:

- 1 hora de trabalho suplementar por dia;
- 2 horas de trabalho suplementar por semana, se a isenção do horário de trabalho for dentro do período normal do trabalho.

179. Como é pago o trabalho nocturno?

O trabalho nocturno é pago com acréscimo de 25%, podendo ser substituído, mediante instrumento de regulamentação colectiva de trabalho, por redução equivalente ao tempo de trabalho ou por aumento da retribuição base, salvo nos seguintes casos:

- Espectáculo ou diversão publicas ou outra actividade exercida exclusiva ou predominantemente no período nocturno;
- Empreendimentos turísticos, estabelecimentos de restauração e bebidas, farmácia e outras actividades obrigatoriamente abertas durante o período nocturno.

180. Como é pago o trabalho suplementar?

O trabalho suplementar é pago com os seguintes acréscimos:

- 25% pela primeira hora ou fracção e 37,5% por hora ou fracção subsequente, em dia útil;
- 50% por cada hora ou fracção, em dia de descanso semanal obrigatório, complementar ou feriado.[12]

---

[12] O acréscimo do trabalho suplementar foi reduzido para metade pela Lei n.º 23/2012, de 25 de Junho, que suspendeu, até 31 de Julho

181. Como é pago o trabalho em dia feriado?

O trabalhador tem direito ao acréscimo de 50% da retribuição ou a descanso compensatório de igual duração, conforme a escolha do empregador.

182. Como se calcula o valor da retribuição horária?

O valor da retribuição horária é calculada pela fórmula seguinte:

$$\frac{\text{Retribuição mensal x 12 meses}}{\text{52 semanas x n.º de horas semanais}}$$

183. O que é a retribuição mínima mensal garantida?

A retribuição mínima mensal garantida é o "salário mínimo nacional", que é fixado, anualmente, pelo Governo, após a audição dos parceiros sociais da Comissão Permanente da Concertação Social do Conselho Económico e Social.

O valor do "salário mínimo nacional" mantém-se em € 485,00 desde 2010.

184. A retribuição mínima mensal garantida pode ser reduzida?

A retribuição mínima mensal garantida só pode ser reduzida em relação a:

- Praticante, aprendiz, estagiário ou formando: 20%;
- Trabalhador com capacidade de trabalho reduzida superior a 10%: até 50%.

de 2014, as cláusulas das convenções colectivas e dos contratos de trabalho que disponham sobre esta matéria.

185. Quais as prestações incluídas na retribuição mínima mensal garantida?

O montante da retribuição mínima mensal garantida inclui:
- O valor da prestação em espécie;
- A comissão sobre vendas ou prémio de produção;
- A gratificação considerada retribuição (n.º 174).

O valor da prestação em espécie não pode ser superior às seguintes percentagens da retribuição mínima mensal garantida:
- 35% para a alimentação completa;
- 15% para a alimentação constituída por uma refeição principal;
- 12% para o alojamento do trabalhador;
- € 27,36 por divisão assoalhada para a habitação do trabalhador e seu *agregado familiar*;
- 50% para o total das prestações em espécie.

186. Qual a forma de pagamento da retribuição?

A retribuição deve ser paga por cheque, vale postal ou depósito à ordem do trabalhador sem despesas para este, contra a entrega do recibo, sem prejuízo do pagamento das prestações não pecuniárias acordadas (n.º 173).

187. Onde deve ser paga a retribuição?

A retribuição deve ser paga no local de trabalho ou noutro acordado. Neste caso, o tempo gasto para receber a retribuição é considerado tempo de trabalho.

188. Quando deve ser paga a retribuição?

A retribuição deve ser paga em dia útil, durante o período de trabalho ou imediatamente a seguir a este.

Salvo acordo ou uso diverso, o pagamento da retribuição pode ser efectuado no final do mês (é o normal), da quinzena ou da semana.

O atraso de 15 ou mais dias confere ao trabalhador o direito de suspender o contrato, mediante comunicação escrita, com 8 dias de antecedência, dirigida ao empregador e à Autoridade para as Condições do Trabalho[13].

Se o atraso do empregador for culposo, o trabalhador tem direito a fazer cessar o contrato com direito a indemnização (n.º 275).

189. O empregador pode efectuar descontos ou compensações na retribuição?

O empregador não pode efectuar descontos ou compensações, excepto nos seguintes casos, até um sexto da retribuição:

- Desconto a favor do Estado, da Segurança Social ou outra entidade, ordenados por lei ou decisão judicial;
- Indemnização devida pelo trabalhador ao empregador fixada por decisão judicial;
- Sanção pecuniária por motivos disciplinares;
- Amortização de capital ou juros de empréstimo concedido pelo empregador ao trabalhador;
- Preço de refeições no local de trabalho, de utilização de telefone, de fornecimento de géneros, de combustíveis ou materiais, solicitados pelo trabalhador;
- Abono ou adiantamento por conta da retribuição.

[13] A protecção do trabalhador que suspenda o contrato de trabalho por falta de pagamento pontual da retribuição foi regulada pelos arts. 25.º a 31.º da Lei n.º 105/2009, de 14 de Setembro.

TRANSMISSÃO DE EMPRESA

190. O que sucede aos trabalhadores em caso de transmissão, total ou parcial, da empresa ou estabelecimento?

Os trabalhadores mantêm os seus direitos perante o adquirente, que assume a posição de empregador no respectivo contrato.

191. Qual é a responsabilidade do transmitente para com os trabalhadores?

O transmitente responde pelos créditos dos trabalhadores vencidos até à data da transmissão durante o prazo de um ano a contar desta.

192. Quem deve consultar e informar os trabalhadores sobre a transmissão?

O transmitente e o adquirente devem consultar os representantes dos trabalhadores ou, na sua falta, os próprios trabalhadores, informando-os, por escrito, sobre os motivos e as consequências da transmissão, com 10 dias de antecedência.

CEDÊNCIA OCASIONAL

193. O que é a cedência ocasional de trabalhador?

É a disponibilização temporária de trabalhador para prestar trabalho sob a direcção de outro empregador, sem prejuízo do contrato inicial.

194. Em que condições é admissível a cedência ocasional?

A cedência ocasional de trabalhador é lícita, quando se verificam, cumulativamente, as seguintes condições:

- O trabalhador esteja vinculado ao empregador cedente por contrato de trabalho sem termo;
- A cedência ocorra entre sociedades coligadas, do mesmo grupo ou entre empregadores que tenham estruturas organizativas comuns;
- O trabalhador concorde com a cedência.

O acordo do trabalhador deve ser escrito e a cedência não pode exceder o prazo de um ano, renovável por iguais períodos até 5 anos.

CRISE EMPRESARIAL

195. O empregador pode reduzir os períodos normais de trabalho ou suspender os contratos de trabalho?

O empregador pode reduzir temporariamente um ou mais períodos normais de trabalho, diários ou semanais ou diminuir o respectivo número de horas ou, ainda, suspender os contratos de trabalho para assegurar a viabilidade da empresa ou a manutenção dos postos de trabalho.

Porém, só o poderá fazer, novamente, após ter decorrido um período de tempo igual a metade do período anteriormente utilizado.

196. Como se inicia o procedimento para redução do período de trabalho ou suspensão dos contratos de trabalho?

O empregador comunica à comissão de trabalhadores ou, na sua falta, às demais organizações representativas dos trabalhadores ou, em último caso, a cada trabalhador a sua intenção de reduzir ou suspender a prestação do trabalho, com a devida fundamentação, disponibilizando para consulta os respectivos documentos contabilísticos e financeiros.

Os trabalhadores poderão designar uma comissão representativa de 3 ou 5 membros, consoante a medida abranja até 20 ou mais trabalhadores.

197. Qual é a fase seguinte?

O empregador deve promover, nos 5 dias posteriores à comunicação, uma fase de informações e negociação com a estrutura representativa dos trabalhadores, devendo remeter a acta das reuniões à Autoridade para as Condições de Trabalho.

198. Qual é a duração da medida de redução ou suspensão?

A redução ou suspensão não pode exceder 6 meses ou, em caso de catástrofe ou grave ocorrência, um ano, podendo estes prazos serem prorrogados por mais 6 meses, mediante comunicação fundamentada à estrutura representativa dos trabalhores ou, na sua falta, a cada trabalhador abrangido.

199. Quais são os direitos do trabalhador durante a redução ou suspensão?

Durante a redução ou suspensão, o trabalhador tem direito a:

- Auferir mensalmente um montante mínimo igual a dois terços da sua retribuição ilíquida, proporcional às horas de trabalho ou o valor da retribuição mínima mensal garantida, consoante o que for mais elevado;
- Manter as regalias sociais ou prestações da segurança social a que tenha direito;
- Exercer outra actividade remunerada;
- Receber uma compensação para, conjuntamente com a retribuição do trabalho prestado, assegurar o montante igual a dois terços da sua retribuição ilíquida, até ao triplo da retribuição mínima mensal garantida.

O montante da compensação é pago pelo empregador (30%) e pela Segurança Social (70%).

200. Quais os direitos do trabalhador em caso de encerramento ou diminuição temporária da actividade sem crise empresarial?

Se o encerramento ou a diminuição da actividade forem da responsabilidade do empregador, o trabalhador tem direito a 100% da retribuição.

Se forem devidas a *caso fortuito* ou de *força maior*, tem direito a 75% da retribuição.

201. O empregador pode encerrar temporária ou definitivamente a empresa ou o estabelecimento?

O empregador só pode encerrar temporária ou definitivamente a empresa ou o estabelecimento depois de ter iniciado o procedimento para o despedimento colectivo dos trabalhadores, sob pena de responsabilidade penal.

LICENÇA SEM RETRIBUIÇÃO

202. O trabalhador tem direito a licença sem retribuição?

De um modo geral, o trabalhador só pode gozar a licença sem retribuição, a seu pedido, se for concedida pelo empregador.

Diferentemente, tem direito à referida licença de duração superior a 60 dias, sem necessidade do consentimento do empregador, nos seguintes casos:

- Para frequência de curso de formação ministrado sob responsabilidade de instituição de ensino;
- Para frequência de curso de formação profissional;
- Para frequência de curso no âmbito de programa específico aprovado por autoridade competente e executado sob o seu controlo pedagógico;

- Para frequência de curso ministrado em estabelecimento de ensino.

203. O empregador pode recusar a licença nas situações previstas no número anterior?

O empregador pode recusar a concessão da licença:

- Quando, nos 24 meses anteriores, tenha sido proporcionada ao trabalhador formação profissional adequada ou licença para o mesmo fim;
- Se o trabalhador tiver menos de três anos de antiguidade;
- Quando o trabalhador não tenha requerido a licença com a antecedência mínima de 90 dias;
- Quando se trate de microempresa ou de pequena empresa e não seja possível a substituição adequada do trabalhador;
- Quando não seja possível a substituição, sem prejuízo sério para o funcionamento da empresa, de directores, chefes, quadros ou pessoal qualificado.

PRÉ-REFORMA

204. O que é a pré-reforma?

É a situação de suspensão ou redução da prestação de trabalho, em que, por acordo escrito, o trabalhador com idade igual ou superior a 55 anos, tem direito a receber do empregador uma mensalidade.

205. Qual é o montante da prestação da pré-reforma?

O montante da pré-reforma não pode ser inferior a 25% da retribuição auferida pelo trabalhador na data do acordo nem inferior à retribuição, em caso de redução do trabalho.

206. Quais são os direitos do trabalhador na situação de pré-reforma?

O trabalhador na situação de pré-reforma pode exercer outra actividade profissional remunerada e, no caso de falta culposa do pagamento da prestação de pré-reforma ou quando a mera falta se prolongar por mais de 30 dias, retomar as funções na empresa ou resolver o contrato com direito a indemnização.

207. Quando cessa a pré-reforma?

A pré-reforma cessa:

- Com a reforma do trabalhador;
- Com o regresso do trabalhador ao pleno exercício de funções;
- Com a cessação do contrato de trabalho.

Se a cessação do contrato conferir direito a indemnização, o trabalhador terá direito ao montante das prestações de pré-reforma até à idade da reforma por velhice.

PODER DISCIPLINAR

208. Que sanções disciplinares podem ser aplicadas ao trabalhador?

Podem ser aplicadas, além de outras previstas em instrumento de regulamentação colectiva de trabalho, as seguintes:

- Repreensão;
- Repreensão registada;
- Sanção pecuniária;
- Perda de dias de férias;
- Suspensão do trabalho com perda de retribuição e de antiguidade;
- Despedimento sem indemnização ou compensação.

209. Quais são os limites das sanções disciplinares?

As sanções disciplinares têm os seguintes limites:

- Para as sanções pecuniárias:
  - Por infracções no mesmo dia: 1/3 da retribuição diária;
  - Por infracções num ano civil: 30 dias.
- Para a perda de dias de férias: a sanção não pode afectar o gozo de 20 dias úteis;
- Para a suspensão do trabalho:
  - Por cada infracção: 30 dias;
  - Em cada ano civil: 90 dias.

210. Quais são os prazos para o exercício do poder disciplinar?

Os prazos para o exercício do poder disciplinar são os seguintes:

- Para o início do procedimento disciplinar: 60 dias a contar do conhecimento da infracção;
- Para evitar a *prescrição* do direito de exercer o poder disciplinar: um ano após a prática da infracção, salvo se for crime.

211. Qual é a formalidade essencial do procedimento disciplinar?

O trabalhador não pode ser punido sem ser previamente ouvido. Esta audiência prévia deve ser feita nos termos previstos nos instrumentos de regulamentação colectiva de trabalho.

212. O trabalhador pode ser suspenso durante o procedimento disciplinar?

O empregador pode suspendê-lo se for inconveniente a sua presença na empresa, sem prejuízo do pagamento da retribuição.

213. Quais são os critérios para a aplicação da sanção disciplinar?

A decisão deve ser proporcional à gravidade da infracção e à culpabilidade do arguido.

214. Quando deve ser aplicada a sanção disciplinar?

A sanção disciplinar deve ter lugar nos três meses seguintes à decisão, não podendo ser aplicada mais de uma pela mesma infracção.

215. Quais são as sanções disciplinares abusivas?

São abusivas as sanções disciplinares motivadas por
- Reclamação legítima contra as condições de trabalho;
- Recusa de ordens ilegítimas;
- Exercício ou candidatura ao exercício de funções em organizações representativas dos trabalhadores;
- Exercício ou invocação de direitos ou garantias.

216. Quais são os direitos do trabalhador vítima duma sanção abusiva?

O trabalhador tem direito a ser indemnizado:
- Em caso de despedimento: entre 30 e 60 dias de retribuição e *diuturnidades* por cada ano completo, no mínimo de 6 meses, se não optar pela indemnização;
- Em caso de sanção pecuniária ou suspensão: mínimo de 10 vezes a quantia perdida;

Se o trabalhador exercer funções em organizações representativas dos trabalhadores, os mínimos serão aumentados para o dobro que, no caso de despedimento, não poderá ser inferior a 12 meses.

217. Como pode reagir o trabalhador contra a aplicação de uma sanção disciplinar?

O trabalhador pode reclamar para o superior hierárquico que aplicou a sanção. Se for indeferida ou não houver reclamação, pode ainda impugnar a sanção no Tribunal.

GARANTIAS DOS CRÉDITOS

218. Quais são as garantias de pagamento dos créditos do trabalhador?

Os créditos do trabalhador gozam de privilégio sobre bens móveis do empregador (são pagos antes dos créditos do Estado e das Autarquias), bem como sobre o imóvel do empregador onde trabalha (são pagos antes dos créditos do Estado, das Autarquias e da Segurança Social).

219. Os gerentes, administradores, directores e sócios são responsáveis pelo pagamento dos créditos?

Os gerentes, administradores e directores com actuação culposa e os sócios com o direito de os designarem ou destituírem respondem solidariamente pelo pagamento dos créditos do trabalhador.

220. Em que condições pode o trabalhador recorrer ao Fundo de Garantia Salarial?

O pagamento de créditos emergentes de contrato de trabalho ou da sua violação ou cessação, que não possam ser pagos pelo empregador por motivo de *insolvência* ou de situação económica difícil, é assegurado pelo Fundo de Garantia Salarial.

221. Quando ocorre a *prescrição* dos créditos laborais?

Os créditos respeitantes aos contratos de trabalho extinguem-se se não forem judicialmente reclamados no prazo de um ano a contar da data da cessação do contrato.

CESSAÇÃO DO CONTRATO

222. Como pode cessar o contrato de trabalho?

O contrato de trabalho pode cessar por

- Caducidade;
- Revogação;
- Despedimento por facto imputável ao trabalhador;
- Despedimento colectivo;
- Despedimento por extinção de posto de trabalho;
- Despedimento por inadaptaçao;
- Resolução pelo trabalhador;
- Denúncia pelo trabalhador.

223. Que documentos devem ser entregues ao trabalhador quando cessa o contrato de trabalho?

O empregador deve entregar ao trabalhador o certificado de trabalho e, a pedido deste, a declaração modelo RP 5044 da Segurança Social e a declaração complementar para o subsídio de desemprego.

224. Como caduca o contrato de trabalho?

O contrato de trabalho caduca:

- Com a verificação do termo;
- Por impossibilidade absoluta e definitiva de o trabalhador prestar o seu trabalho ou de o empregador o receber;
- Com a reforma do trabalhador, por velhice ou invalidez.

225. Como se opera a caducidade do contrato de trabalho a termo certo?

O contrato de trabalho a termo certo caduca mediante a comunicação, por escrito, com a seguinte antecedência:

- Para o empregador: 15 dias;
- Para o trabalhador: 8 dias.

226. Qual a compensação devida ao trabalhador em caso de caducidade do contrato a termo certo por iniciativa do empregador?

O trabalhador tem direito à compensação de 3 dias de retribuição base e *diuturnidade*s por cada mês de duração do contrato até 6 meses e de 2 dias a partir de 6 meses, em relação ao período até 31 de Outubro de 2012 ou até à data da renovação extraordinária se esta for anterior aquela data.

A partir de 1 de Novembro de 2012, o montante da compensação será reduzido para 20 dias de retribuição base e diuturnidades por cada ano completo, calculados proporcionalmente em caso de fracção).[14]

227. Como se opera a caducidade do contrato de trabalho a termo incerto?

O contrato de trabalho a termo incerto caduca quando, prevendo-se a ocorrência do termo, o empregador comunique a sua cessação com a antecedência mínima de 7, 30 ou 60 dias, conforme o contrato tenha durado até 6 meses, de 6 meses a 2 anos ou por período superior.

---

[14] Esta redução da compensação foi imposta pela Lei n.º 23/2012, de 25 de Junho.

228. Quando se verifica a caducidade do contrato por morte do empregador individual?

A morte do empregador em nome individual faz caducar o contrato de trabalho na data do encerramento da empresa, salvo se o sucessor do falecido continuar a actividade para que o trabalhador se encontra contratado ou se verificar a transmissão da empresa ou estabelecimento.

229. Quando se verifica a caducidade do contrato por encerramento da empresa?

O encerramento total e definitivo da empresa determina a caducidade da empresa, mediante procedimento idêntico ao do despedimento colectivo, sem prejuízo do direito à respectiva compensação.

230. O que sucede ao contrato de trabalho quando o trabalhador permanece na empresa após a reforma por velhice?

O contrato de trabalho é convertido, automaticamente, em contrato a termo decorridos 30 dias após o conhecimento, por ambas as partes, da reforma por velhice, com as seguintes adaptações:

- Não é, obrigatoriamente, escrito;
- Vigora pelo prazo de 6 meses, renovando-se por períodos iguais, sem limite;
- A caducidade fica sujeita aos seguintes avisos prévios:
  - 60 dias para o empregador;
  - 15 dias para o trabalhador;
- O trabalhador não terá direito a compensação.

REVOGAÇÃO DO CONTRATO DE TRABALHO

231. Como se opera a revogação do contrato de trabalho?

O contrato de trabalho pode cessar, por acordo, nas seguintes condições:

- Deve constar de documento assinado pelo empregador e pelo trabalhador;
- Devem ser mencionadas as datas do acordo e do início da cessação;
- Se for acordada a compensação pecuniária global, presume-se que nada mais é devido ao trabalhador.

232. Pode o trabalhador dar sem efeito o acordo de revogação do contrato?

O trabalhador pode comunicar, por escrito, a cessação do acordo até ao 7.º dia seguinte ao da assinatura deste, desde que coloque a compensação à disposição do empregador, salvo se as assinaturas tiverem sido reconhecidas pelo notário.

DESPEDIMENTO INDIVIDUAL

233. O empregador pode despedir o trabalhador sem justa causa?

O empregador não pode despedir o trabalhador sem justa causa ou por motivos políticos ou ideológicos.

234. O que constitui justa causa de despedimento?

Constitui justa causa de despedimento o comportamento culposo do trabalhador que, pela sua gravidade e consequências, torne imediata e praticamente impossível a subsistência da relação de trabalho, nomeadamente:

- Desobediência ilegítima às ordens dos superiores hierárquicos;
- Violação de direitos e garantias de trabalhadores da empresa;
- Provocação repetida de conflitos com trabalhadores da empresa;
- Desinteresse repetido pelo cumprimento;
- Lesão de interesses patrimoniais sérios da empresa;
- Falsas declarações relativas à justificação de faltas;
- Faltas não justificadas ao trabalho com prejuízos ou riscos graves para a empresa ou cujo número atinja, em cada ano civil, cinco seguidas ou 10 interpoladas;
- Falta culposa de observância de regras de segurança e saúde no trabalho;
- Prática, no âmbito da empresa, de violências físicas, injúrias ou outras ofensas punidas por lei sobre trabalhador da empresa, elemento dos corpos sociais ou empregador individual não pertencente a estes, seus delegados ou representantes;
- Sequestro ou em geral crime contra a liberdade das pessoas referidas na alínea anterior;
- Incumprimento ou oposição ao cumprimento de decisão judicial ou administrativa;
- Reduções anormais de produtividade.

235. Como deve proceder o empregador quando se verifique um comportamento susceptível de constituir justa causa de despedimento?

O empregador deve comunicar por escrito ao trabalhador a sua intenção de despedimento, juntar a nota de culpa com a descrição dos factos e remetê-la à comissão de trabalhadores e, também, ao sindicato se o arguido for representante sindical.

236. Quando pode ser suspenso o trabalhador no procedimento disciplinar para despedimento?

O trabalhador pode ser suspenso com a notificação da nota de culpa ou nos 30 dias anteriores, desde que o empregador justifique, por escrito, a inconveniência da sua presença na empresa e a impossibilidade de elaboração da nota de culpa.

237. Qual o prazo para consultar o processo e responder à nota de culpa?

O trabalhador pode consultar o processo e responder à nota de culpa no prazo de 10 dias úteis, devendo juntar documentos, indicar testemunhas e requerer as diligências probatórias.

238. O empregador é obrigado a realizar as diligências probatórias requeridas pelo trabalhador?

O empregador é obrigado a realizar as diligências probatórias requeridas pelo trabalhador na resposta à nota de culpa, incluindo a inquirição de testemunhas, salvo se forem dilatórias ou impertinentes, devendo, neste caso, fundamentar, por escrito, a sua decisão.

239. Quantas testemunhas podem ser indicadas pelo trabalhador?

O trabalhador pode indicar 3 testemunhas para cada facto, no total de 10, devendo assegurar a sua comparência.

240. A que organizações representativas dos trabalhadores deve ser remetida cópia do processo disciplinar?

O empregador deve remeter cópia do processo disciplinar à comissão de trabalhadores e, também, ao sindicato se o arguido for representante sindical, os quais podem juntar o seu parecer fundamentado no prazo de 5 dias úteis.

241. Qual é o prazo para a decisão de despedimento?

O empregador deve proferir a decisão de despedimento no prazo de 30 dias a contar da última diligência, da recepção dos pareceres das organizações representativas dos trabalhadores ou do prazo para o efeito, sob pena de perder o direito de o fazer.

Porém, se o empregador optar por não realizar as diligências probatórias requeridas pelo trabalhador, só o poderá fazer decorridos 5 dias úteis após a recepção dos pareceres ou do decurso do prazo para o efeito ou, caso não existam organizações representativas dos trabalhadores e o trabalhador não seja representante sindical, após a recepção da resposta à nota de culpa ou o decurso do respectivo prazo.

242. Como deve ser formalizada a decisão?

A decisão deve ser escrita, fundamentada e comunicada ao trabalhador; à comissão de trabalhadores e ao sindicato se aquele for representante sindical.

243. Como se processa o despedimento nas microempresas?

O procedimento é simplificado nos seguintes termos:

O empregador só é obrigado a remeter cópia do processo disciplinar à estrutura representativa dos trabalhadores se o arguido for seu membro;

- Se não houver resposta à nota de culpa, o empregador pode proferir a decisão no prazo de 30 dias a contar do termo do respectivo prazo;
- Se realizar diligências, o prazo de 30 dias contar-se-á a partir da última;
- A decisão é comunicada, apenas, ao trabalhador.

244. O que é o despedimento colectivo?

É a cessação de contrato de trabalho operada pelo empregador, simultânea ou sucessivamente, no período de 3 meses, de, pelo menos, 2 trabalhadores em microempresa ou pequena empresa ou de 5 em média ou grande empresa, fundamentada no encerramento de secções ou estruturas equivalentes ou na redução de trabalhadores por motivos de mercado, estruturais ou tecnológicos.

245. Como se inicia o procedimento para o despedimento colectivo?

O procedimento para o despedimento colectivo inicia-se com a comunicação escrita dessa intenção às organizações representativas dos trabalhadores ou, na sua falta, a cada um dos trabalhadores abrangidos, que poderão, no prazo de 5 dias úteis, designar uma comissão representativa de 3 ou 5 membros consoante o despedimento abranja 5 ou mais trabalhadores.

Na mesma data, o empregador deve enviar cópia da comunicação à Autoridade para as Condições de Trabalho.

246. Qual é a fase seguinte?

O empregador deve promover, nos 5 dias posteriores à comunicação, uma fase de informações e negociação com a comissão representativa dos trabalhadores e a participação da Autoridade para as Condições de Trabalho.

247. Como se formaliza a decisão?

Decorridos 15 dias após as comunicações iniciais, o empregador comunica, por escrito, a cada trabalhador, à Autoridade para as Condições de Trabalho e às organizações representativas dos trabalhadores a decisão fundamentada de despedimento, com a seguinte antecedência:

- 15 dias, se a antiguidade for inferior a 1 ano;
- 30 dias, no caso de trabalhador com antiguidade igual ou superior a um ano e inferior a cinco anos;
- 60 dias, se a antiguidade for igual ou superior a 5 e inferior a 10 anos;
- 75 dias, se a antiguidade for igual ou superior a 10 anos ou se abranger ambos os cônjuges ou pessoas que vivem em união de facto.

248. Quais são os direitos do trabalhador abrangido pelo despedimento colectivo?

O trabalhador abrangido pelo despedimento colectivo tem direito:

- A uma compensação de um mês de retribuição base e *diuturnidades* por cada ano de antiguidade, não inferior a 3 meses, em relação ao período até 31 de Outubro de 2012. A partir de 1 de Novembro de 2012, o montante da compensação será reduzida para 20 dias de retribuição base e diuturnidades por cada ano completo, calculados proporcionalmente em caso de fracção, sendo nulas as cláusulas das convenções colectivas que estipulem compensações superiores; [15]
- A um crédito de 2 dias de trabalho por semana durante o aviso prévio;
- A denunciar o contrato durante o aviso prévio, com a antecedência de 3 dias úteis, sem prejuízo da compensação.

Presume-se que o trabalhador aceita o despedimento colectivo se receber a compensação, salvo se a entregar ou a puser à disposição do empregador e do fundo de compensação do trabalho.

[15] Esta redução da compensação foi imposta pela Lei nº 23/2012, de 25 de Junho.

DESPEDIMENTO POR EXTINÇÃO DE POSTO DE TRABALHO

249. O que é o despedimento por extinção de posto de trabalho?

É a cessação do contrato de trabalho operada pelo empregador com fundamento na extinção do posto de trabalho por motivos de mercado, estruturais ou tecnológicos.

250. Quais são os requisitos de despedimento por extinção de posto de trabalho?

O despedimento por extinção de posto de trabalho só pode ter lugar desde que se verifiquem os seguintes requisitos:

- Inexistência de conduta culposa do empregador ou do trabalhador;
- Impossibilidade de subsistência da relação de trabalho;
- Inexistência de contratos de trabalho a termo para o posto de trabalho extinto;
- Inexistência de despedimento colectivo;
- Colocação à disposição do trabalhador da compensação e dos créditos resultantes da cessação do contrato.

251. Quais são os critérios para a concretização dos postos de trabalho a extinguir?

Os critérios para extinção de postos de trabalho com idêntico conteúdo funcional são definidos pelo empregador, devendo ser "relevantes e não discriminatórios". Neste caso, considera-se preenchido o requisito da impossibilidade de subsistência da relação de trabalho.

252. Como se inicia o procedimento para o despedimento por extinção de posto de trabalho?

O procedimento para despedimento por extinção de posto de trabalho inicia-se com a comunicação à comissão de trabalhadores ou, na sua falta, às demais organizações representativas dos trabalhadores e ao trabalhador da necessidade de extinguir o posto de trabalho e de o despedir.

253. Qual é a fase seguinte?

Nos 3 dias úteis posteriores à comunicação inicial, as organizações representativas dos trabalhadores e o trabalhador podem solicitar a intervenção da Autoridade para as Condições de Trabalho e transmitir o seu parecer fundamentado no prazo de 10 dias a contar da mesma data.

254. Como se formaliza a decisão?

Decorridos 5 dias a contar do termo do prazo para os pareceres das organizações representativas dos trabalhadores e do trabalhador, da recepção do relatório da Autoridade para as Condições de Trabalho ou do termo do prazo de 7 dias após a recepção do relatório, o empregador comunica, por escrito, ao trabalhador, às organizações representativas dos trabalhadores e à Autoridade para as Condições de Trabalho a decisão fundamentada do despedimento, com a antecedência prevista para o despedimento colectivo (n.º 247).

255. Quais são os direitos do trabalhador despedido por extinção de posto de trabalho?

São os mesmos direitos do trabalhador abrangido por despedimento colectivo (n.º 248).

256. O que é o despedimento por inadaptação?

O despedimento por inadaptação é a cessação do contrato de trabalho operada pelo empregador com fundamento na inadaptação superveniente do trabalhador ao posto de trabalho.

257. Quando se verifica a inadaptação?

A inadaptação verifica-se quando se torne impossível a subsistência da relação de trabalho pelo exercício de funções do trabalhador, nas seguintes situações:

- Redução continuada de produtividade ou de qualidade;
- Avarias repetidas nos meios afectos ao posto de trabalho;
- Riscos para a segurança e saúde do trabalhador, de outros trabalhadores ou de terceiros;
- Incumprimento de objectivos acordados por escrito para cargos de complexidade técnica ou de direcção.[16]

A inadaptação não pode afectar a protecção dos trabalhadores com capacidade de trabalho reduzida, deficiência ou doença crónica.

258. Quais são os requisitos do despedimento por inadaptação?

Os requisitos do despedimento por inadaptação são os seguintes:

- Introdução de modificações no posto de trabalho nos 6 meses anteriores ao início do procedimento;

---

[16] A inadaptação por incumprimento dos objectivos acordados entre empregador e trabalhador, mesmo sem modificações no posto de trabalho, foi alargada a outros cargos, a partir de 1 de Agosto de 2012, pela Lei nº 23/2012, de 25 de Junho.

- Formação profissional adequada;
- Período de adaptação mínima de 30 dias;
- Inexistência de nexo de causalidade entre a falta de condições de segurança e saúde imputável ao empregador e a inadaptação do trabalhador;
- Colocação da compensação à disposição do trabalhador.

Porém desaparece o requisito de modificação no posto de trabalho, desde que o empregador informe o trabalhador sobre a modificação substancial da sua prestação e a faculdade deste se pronunciar, por escrito, no prazo mínimo de 5 dias úteis.

259. Como se inicia o procedimento para o despedimento por inadaptação?

O despedimento por inadaptação inicia-se com a comunicação à comissão de trabalhadores ou, na sua falta, às demais estruturas representativas dos trabalhadores e ao trabalhador sobre a necessidade de fazer cessar o contrato de trabalho, designadamente, os motivos justificativos do despedimento.

260. Qual é a fase seguinte?

Nos 10 dias posteriores à comunicação inicial, as organizações representativas dos trabalhadores e o trabalhador podem transmitir ao empregador o seu parecer fundamentado.

261. Como se formaliza a decisão?

O empregador deve proferir a decisão fundamentada do despedimento no prazo de 30 dias, após a recepção dos pareceres ou do termo do prazo para o efeito, devendo comunicá-la, por escrito, ao trabalhador, às estruturas representativas dos trabalhadores e à Autoridade para as Condições de Trabalho, a decisão fundamentada do despedimento, com a mesma antecedência prevista para o despedimento colectivo (n.º 247).

262. Quais os direitos do trabalhador despedido por inadaptação?

São os mesmos do trabalhador abrangido por despedimento colectivo (n.º 248).

ILICITUDE DO DESPEDIMENTO

263. Quais são os fundamentos gerais da ilicitude do despedimento?

O despedimento pelo empregador é ilícito:
- Se for devido a motivos políticos, ideológicos, étnicos ou religiosos;
- Se o motivo justificativo do despedimento for declarado improcedente;
- Se não for precedido do respectivo procedimento;
- Se não for solicitado o parecer prévio da Comissão para a Igualdade no Trabalho e no Emprego em caso de grávidas, puérperas, lactantes ou trabalhadores durante a licença parental inicial.

264. Quais são os fundamentos específicos da ilicitude do despedimento por facto imputável ao trabalhador?

O despedimento por facto imputável ao trabalhador é ilícito:
- No caso de *prescrição* da infracção (um ano após a sua prática);
- Se o procedimento disciplinar não tiver sido iniciado no prazo de 60 dias a contar do conhecimento da infracção;
- Se o procedimento disciplinar for inválido.

265. Em que casos é inválido o procedimento disciplinar?

O procedimento disciplinar é inválido se:
- Faltar a nota de culpa ou se esta não for escrita ou não contiver a descrição circunstanciada dos factos imputados ao trabalhador;
- Faltar a comunicação da intenção de despedimento;
- O trabalhador não puder consultar o processo ou responder à nota de culpa dentro do prazo por facto imputável ao empregador;
- A comunicação ao trabalhador da decisão e dos seus fundamentos não for feita por escrito;
- Forem invocados na decisão factos não constantes da nota de culpa ou da resposta daquele.

266. Quais são os fundamentos específicos da ilicitude do despedimento colectivo?

O despedimento colectivo é ilícito se o empregador:
- Não tiver feito a comunicação ou promovido a negociação (nos 245 e 246);
- Não tiver observado o prazo para decidir o despedimento (n.º 247);
- Não tiver posto à disposição do trabalhador despedido, até ao termo do prazo de aviso prévio, a compensação nem os créditos vencidos ou exigíveis em virtude da cessação do contrato de trabalho (n.º 248).

267. Quais são os fundamentos específicos da ilicitude do despedimento por extinção do posto de trabalho?

O despedimento por extinção do posto de trabalho é ilícito se o empregador:
- Não cumprir os requisitos (n.º 250);
- Não respeitar critérios relevantes e não discriminatórios (n.º 251);
- Não tiver feito as comunicações iniciais (n.º 252);

- Não tiver colocado à disposição do trabalhador despedido, até ao termo do prazo de aviso prévio, a compensação nem os créditos vencidos ou exigíveis em virtude da cessação do contrato de trabalho (n.os 248 e 255).

268. Quais são os fundamentos específicos da ilicitude do despedimento por inadaptação?

O despedimento por inadaptação é ilícito se o empregador:

- Não cumprir os requisitos (n.os 257 e 258);
- Não tiver feito as comunicações iniciais (n.º 259);
- Não tiver posto à disposição do trabalhador despedido, até ao termo do prazo de aviso prévio, a compensação nem os créditos vencidos ou exigíveis em virtude da cessação do contrato de trabalho.

269. Como pode o trabalhador defender os seus direitos em caso de despedimento ilícito?

O trabalhador despedido ilicitamente pode:

- Requerer a suspensão judicial do despedimento no Tribunal competente no prazo de 5 dias úteis a contar da data da comunicação do despedimento, nos termos regulados no Código de Processo do Trabalho;
- Opor-se ao despedimento, em formulário próprio, no mesmo Tribunal, no prazo de 60 dias a contar da mesma data.

270. Quais são os direitos do trabalhador cujo despedimento foi declarado ilícito pelo Tribunal?

O trabalhador despedido ilicitamente tem direito:

- À reintegração, com a mesma categoria e antiguidade (nos contratos de trabalho a termo o trabalhador só terá direito à reintegração se o termo ocorrer depois do *trânsito em julgado* da decisão do Tribunal);

- À indemnização pelos *danos* patrimoniais e *não patrimoniais* causados (nos contratos de trabalho a termo a indemnização não é inferior às retribuições desde o despedimento até ao termo do contrato);
- Às retribuições desde o despedimento até ao *trânsito em julgado* da decisão judicial, com as seguintes deduções:
  - As importâncias que o trabalhador venha a auferir após a cessação do contrato e que não receberia se não fosse o despedimento, excepto nos contratos a termo;
  - As retribuições relativas ao período decorrido desde o despedimento até 30 dias antes da propositura da acção, se esta não for proposta nos 30 dias subsequentes ao despedimento;
  - O subsídio de desemprego atribuído ao trabalhador no mesmo período, devendo o empregador entregar essa quantia à Segurança Social.

271. Quais são os direitos do trabalhador cujo despedimento foi declarado ilícito por irregularidades formais?

O trabalhador cujo despedimento foi declarado ilícito por omissão das diligências probatórias requeridas na resposta à nota de culpa, só tem direito a metade da indemnização, se foram julgados procedentes os motivos justificativos do despedimento.

272. O trabalhador pode optar pela indemnização em substituição da reintegração?

O trabalhador pode optar pela indemnização em vez da reintegração, que será fixada entre 15 e 45 dias de retribuição base e *diuturnidades* por cada ano completo ou fracção de antiguidade, não inferior a 3 meses.

273. A reintegração pode ser substituída pela indemnização a pedido do empregador?

O empregador pode requerer ao Tribunal a substituição da reintegração pela indemnização no caso de microempresa e de trabalhador em cargo de administração ou direcção, se o seu regresso prejudicar gravemente o funcionamento da empresa.

274. Quais são os direitos do trabalhador contratado a termo despedido ilicitamente?

Tem direito à mesma indemnização do trabalhador efectivo despedido ilicitamente, a qual não poderá ser inferior às retribuições até ao termo do contrato ou do trânsito em julgado da decisão e ainda à reintegração se o termo ocorrer depois do *trânsito em julgado* da decisão.

RESOLUÇÃO DO CONTRATO PELO TRABALHADOR

275. Em que situações pode o trabalhador fazer cessar o contrato com direito a indemnização?

O trabalhador pode fazer cessar imediatamente o contrato com direito a indemnização, se ocorrer justa causa, nomeadamente, nos seguintes casos:

- Falta culposa de pagamento pontual da retribuição;
- Violação culposa de garantias legais ou convencionais do trabalhador;
- Aplicação de sanção abusiva;
- Falta culposa de condições de segurança e saúde no trabalho;
- Lesão culposa de interesses patrimoniais sérios do trabalhador;
- Ofensa à integridade física ou moral, liberdade, honra ou dignidade do trabalhador punível por lei, praticada pelo empregador ou seu representante;

276. Em que situações pode fazer cessar o contrato sem direito à indemnização?

O trabalhador pode fazer cessar imediatamente o contrato, sem direito a indemnização, nos seguintes casos:

- Necessidade de cumprimento de obrigação legal incompatível com a continuação do contrato;
- Alteração substancial e duradoura das condições de trabalho no exercício lícito de poderes do empregador;
- Falta não culposa de pagamento pontual da retribuição.

277. Qual é o prazo para o trabalhador resolver o contrato?

O trabalhador deve comunicar ao empregador a rescisão do contrato no prazo de 30 dias a contar do conhecimento dos factos que a fundamentam.

O trabalhador pode revogar, por escrito, a rescisão do contrato no prazo de 7 dias a contar da recepção da carta pelo empregador se não tiver havido reconhecimento presencial da sua assinatura no notário.

278. Qual a indemnização devida ao trabalhador em caso de resolução do contrato?

O trabalhador tem direito à indemnização de 15 a 45 dias de retribuição base e *diuturnidade*s por cada ano completo de antiguidade, não inferior a 3 meses, acrescida da parte proporcional à fracção de ano de antiguidade.

279. Como pode o trabalhador denunciar o contrato sem justa causa?

O trabalhador pode denunciar o contrato, sem justa causa, por escrito e com o aviso prévio de 30 ou 60 dias, conforme tenha, respectivamente, até 2 ou mais de 2 anos de antiguidade.

O aviso prévio pode ser aumentado até 6 meses por instrumento de regulamentação colectiva de trabalho para os cargos de administração, direcção ou funções de representação ou responsabilidade.

Nos contratos a termo, o aviso prévio é de 30 ou 15 dias, consoante a duração do contrato seja de 6 meses ou inferior.

O trabalhador pode também revogar a denúncia do contrato no prazo de 7 dias, nos termos previstos para a resolução do contrato (n.º 277).

280. O que é o abandono do trabalho?

É a ausência do trabalhador ao serviço acompanhada por factos que revelam, com toda a probabilidade, a intenção de não o retomar. Presume-se o abandono se a ausência durar 10 dias úteis seguidos, sem qualquer informação ao empregador.

O abandono vale como denúncia do contrato se o empregador a invocar por carta registada com aviso de recepção remetida para a última morada conhecida do trabalhador, salvo motivo de *força maior*.

281. Quais são as organizações representativas dos trabalhadores?

As organizações representativas dos trabalhadores são as seguintes:

- Associações sindicais;
- Comissões de trabalhadores e subcomissões de trabalhadores;
- Conselhos de empresa europeus;
- Representantes dos trabalhadores para a segurança e saúde no trabalho (n.ºs 338 a 340).

282. As organizações representativas dos trabalhadores são independentes?

As organizações representativas dos trabalhadores são independentes do Estado, de partidos políticos e de quaisquer associações, bem como dos empregadores, que não podem intervir na sua organização e gestão nem impedir ou dificultar o exercício dos seus direitos.

283. Quais são os efeitos da prática de actos discriminatórios por motivo de participação nas organizações representativas dos trabalhadores?

São nulos os acordos ou actos que visem:

- Subordinar o emprego de trabalhador à condição de este se filiar ou não se filiar numa associação sindical ou de se retirar daquela em que esteja inscrito;
- Despedir, transferir ou, por qualquer modo, prejudicar trabalhador devido ao exercício dos direitos relativos às participações sindicais ou outros em organizações representativas dos trabalhadores.

284. Como são punidos os actos discriminatórios e a violação da independência sindical?

Os actos discriminatórios e a violação da independência sindical constituem, simultaneamente, contra-ordenação grave punida com *coima* e crime punido com pena de multa. O administrador, director, gerente ou chefe que pratica os referidos actos é punido com prisão até 1 ano.

285. As faltas dos representantes dos trabalhadores são pagas?

Os representantes dos trabalhadores tem um crédito (n.os 295, 296 e 302), que conta como serviço efectivo, incluindo a retribuição, desde que informem o empregador com a antecedência de 2 dias, salvo motivo atendível.

Não é permitida a cumulação de créditos se o trabalhador pertencer a várias organizações representativas de trabalhadores.

Porém, as faltas que excedam o crédito de horas de membros das organizações representativas dos trabalhadores por motivo de desempenho das respectivas funções não são pagas, embora sejam justificadas, tais como as do delegado sindical para a prática de actos necessários e inadiáveis.

Para este efeito, devem ser comunicados, por escrito, ao empregador as datas com um dia de antecedência ou, se o motivo for imprevisível, nas 48 horas seguintes ao primeiro dia de ausência.

286. Como é protegido o membro de uma organização representativa de trabalhadores em caso de processo disciplinar ou judicial?

O membro de uma organização representativa dos trabalhadores que seja suspenso preventivamente ou tenha pendente qualquer processo judicial por motivo do exercício dos respectivos direitos não pode ser impedido de aceder aos locais de trabalho nem de desempenhar as suas funções.

287. Como é protegido o membro de uma organização representativa dos trabalhadores em caso de despedimento?

O despedimento de um membro de uma organização representativa dos trabalhadores, candidato a membro ou que o tenha sido há menos de 3 anos presume-se feito sem justa causa.

Se o despedimento for ilícito, o trabalhador tem direito à reintegração e a uma indemnização, calculada entre 30 e 60 dias de retribuição e diuturnidades por cada ano completo ou fracção de antiguidade, no mínimo de 6 meses.

288. Quais são as especificidades do procedimento cautelar de suspensão do despedimento e da acção de apreciação da licitude do despedimento do membro de uma organização representativa dos trabalhadores?

A suspensão do despedimento só não é decretada se o Tribunal concluir pela probabilidade séria de existência de justa causa, ao contrário da regra geral do Código de Processo do Trabalho.

A acção judicial para apreciar a licitude do despedimento tem natureza urgente.

289. O membro de uma organização representativa dos trabalhadores pode ser transferido do seu local de trabalho?

O membro de organização representativa dos trabalhadores não pode ser transferido de local de trabalho sem o seu acordo, excepto no caso de mudança total ou parcial do estabelecimento onde labora.

290. Como estão organizadas as associações sindicais?

As associações sindicais estão organizadas por sindicatos, *federações*, *uniões* e *confederações*.

No âmbito da empresa, as organizações sindicais são as seguintes: *secção sindical*, delegado sindical, *comissão sindical* e *comissão intersindical*.

291. Quais são os direitos das associações sindicais?

As associações sindicais têm o direito e o dever de:

- Celebrar convenções colectivas de trabalho;
- Prestar serviços de carácter económico e social aos seus associados;
- Participar na elaboração da legislação do trabalho;
- Iniciar e intervir em processos judiciais e em procedimentos administrativos no interesse dos seus associados;
- Estabelecer relações ou filiar-se, a nível nacional ou internacional, em organizações de trabalhadores;
- Participar nos processos de reestruturação da empresa, nas acções de formação ou quando ocorra alteração das condições de trabalho.

292. Os trabalhadores podem reunir-se nos locais de trabalho?

Os trabalhadores podem reunir-se no local de trabalho, mediante convocação por um terço ou 50 trabalhadores do respectivo estabelecimento ou pela *comissão sindical ou intersindical*:

- Fora do horário de trabalho, sem prejuízo do normal funcionamento de turnos ou do trabalho suplementar;
- Durante o horário de trabalho até 15 horas por ano, que contam como tempo de serviço efectivo, desde que seja

assegurado o funcionamento de serviços de natureza urgente e essencial.

293. Quais são os procedimentos que devem ser adoptados para a reunião de trabalhadores no local de trabalho?

O empregador deve ser avisado com 48 horas de antecedência e, se a reunião se realizar durante o horário de trabalho, deve ser apresentada proposta para assegurar o fundamento dos serviços de natureza urgente e essencial.

294. Qual é o número máximo de delegados sindicais de cada empresa?

O número máximo de delegados sindicais de cada empresa protegidos pelo Código do Trabalho é o seguinte:

- Empresa com menos de 50 trabalhadores sindicalizados: 1;
- Empresa com 50 a 99 trabalhadores sindicalizados: até 2;
- Empresa com 100 a 199 trabalhadores sindicalizados: até 3;
- Empresa com 200 a 499 trabalhadores sindicalizados: até 6;
- Empresa com 500 ou mais trabalhadores sindicalizados: o número resultante da seguinte fórmula: $(6+[(n - 500):200])$, sendo n número de trabalhadores sindicalizados.

295. Quais são os créditos de horas do membro da direcção de uma associação sindical e do delegado sindical?

O membro da direcção de uma associação sindical com direito a crédito de horas tem direito a 4 dias de trabalho por mês, além de faltas justificadas até ao limite de 33 por ano.

O delegado sindical tem direito a um crédito de 5 horas por mês e de 8 por mês se pertencer à *comissão intersindical*.

296. O empregador é obrigado a cobrar as quotas sindicais?

O empregador só tem o dever de proceder à cobrança e entrega de quotas sindicais:

- Se o instrumento de regulamentação colectiva de trabalho o determinar;
- Se o trabalhador autorizar ou optar, por escrito, indicando o valor da quota e a associação sindical respectiva.

297. Qual é o número máximo de membros da direcção de uma associação sindical com direito a crédito a horas e a faltas justificadas?

O número máximo de membros da direcção de uma associação sindical com direito a crédito a horas e a faltas justificadas é o seguinte:

- Empresa com menos de 50 trabalhadores sindicalizados: 1
- Empresa de 50 a 99 trabalhadores sindicalizados: 2;
- Empresa de 100 a 199 trabalhadores sindicalizados: 3;
- Empresa de 200 a 499 trabalhadores sindicalizados: 4;
- Empresa de 500 a 999 trabalhadores sindicalizados: 6;
- Empresa de 1000 a 1999 trabalhadores sindicalizados: 7;
- Empresa de 2000 a 4999 trabalhadores sindicalizados: 8;
- Empresa de 5000 a 9999 trabalhadores sindicalizados: 10;
- Empresa com 10000 ou mais trabalhadores sindicalizados: 12.

COMISSÕES DE TRABALHADORES

298. Como são criadas as comissões de trabalhadores?

As comissões de trabalhadores são criadas pelos trabalhadores de cada empresa para defesa dos seus direitos e interesses, através de um processo de constituição, aprovação de estatutos e eleição dos respectivos membros.

Podem ser criadas subcomissões de trabalhadores nos estabelecimentos dispersos da empresa.

299. Qual é o número de membros da comissão de trabalhadores?

O número máximo de membros da comissão de trabalhadores é a seguinte:

- Na empresa com menos de 50 trabalhadores: até 2;
- Na empresa de 50 a 200 trabalhadores: até 3;
- Na empresa de 201 a 500 trabalhadores: de 3 a 5;
- Na empresa de 501 a 1000 trabalhadores: de 5 a 7;
- Na empresa com mais de 1000 trabalhadores: de 7 a 11.

300. Qual é o número de membros da subcomissão de trabalhadores?

O número de membros da subcomissão de trabalhadores é o seguinte:

- No estabelecimento com 50 a 200 trabalhadores: até 3;
- No estabelecimento com mais de 200 trabalhadores: até 5.

No estabelecimento com menos de 50 trabalhadores, as funções da subcomissão são asseguradas por um só membro.

301. A comissão de trabalhadores pode convocar reuniões de trabalhadores no local de trabalho?

A comissão de trabalhadores pode convocar reuniões gerais de trabalhadores a realizar no local de trabalho:

- Fora do horário de trabalho, sem prejuízo do normal funcionamento de turnos ou do trabalho suplementar;
- Durante o horário de trabalho até 15 horas por ano, que conta como tempo de serviço efectivo, desde que seja assegurado o funcionamento de serviços de natureza urgente e essencial.

A comissão de trabalhadores deve avisar o empregador com 48 horas de antecedência e, se a reunião se realizar durante o horário de trabalho, deve apresentar proposta para assegurar o funcionamento dos serviços de natureza urgente e essencial.

302. Qual é o crédito de horas da comissão de trabalhadores?

Os membros da comissão de trabalhadores têm o seguinte crédito mensal de horas:

- Comissão de trabalhadores: 25 horas;
- Subcomissão de trabalhadores: 8 horas;

Na microempresa, os créditos de horas são reduzidos a metade.

CONSELHOS DE EMPRESA EUROPEUS[17]

303. O que são Conselhos de Empresa Europeus?

Os Conselhos de Empresa Europeus são organizações representativas dos trabalhadores dos estabelecimentos de empresas com dimensão comunitária ou de empresas do grupo situados nos Estados membros da União Europeia, com direito a informação e consulta.

304. O que se considera empresa de dimensão comunitária?

Considera-se de dimensão comunitária a empresa que empregar, pelo menos, 1000 trabalhadores nos diferentes Estados membros da União Europeia e 150 trabalhadores em cada um de dois Estados membros.

[17] Esta matéria foi regulada pela Lei n.º 96/2009, de 3 de Setembro.

305. Quais são os instrumentos de regulamentação colectiva de trabalho?

Os instrumentos de regulamentação colectiva de trabalho podem ser negociais ou não negociais.

Os instrumentos de regulamentação colectiva de trabalho negociais são a convenção colectiva, o acordo de adesão e a decisão em processo de arbitragem voluntária.

Os instrumentos de regulamentação colectiva de trabalho não negociais são a *portaria de extensão*, a portaria de condições de trabalho e a decisão em processo de arbitragem obrigatória.

306. Quais são as convenções colectivas?

As convenções colectivas podem ser:

- contrato colectivo, celebrado entre associações sindicais e de empregadores;
- acordo colectivo, celebrado entre associações sindicais e vários empregadores;
- acordo de empresa, celebrado entre associações sindicais e um empregador para uma empresa ou estabelecimento.

307. Quais são os critérios de preferência quando exista concorrência entre os instrumentos de regulamentação colectiva de trabalho negociais?

Os critérios de preferência entre os instrumentos de regulamentação colectiva de trabalho negociais são os seguintes:

- O Acordo de Empresa afasta o Acordo Colectivo ou o Contrato Colectivo;
- O Acordo Colectivo afasta o Contrato Colectivo;
- O escolhido pelos trabalhadores da empresa;
- O instrumento de regulamentação colectiva de trabalho mais recente;
- O que regular a actividade principal da empresa.

Os critérios de preferência podem ser afastadas por instrumento de regulamentação de trabalho, designadamente, através de cláusula de articulação de convenções colectivas de diferente nível ou de contrato colectivo que remeta para uma convenção colectiva a regulação de certas matérias, como a mobilidade geográfica e funcional, a organização de tempo de trabalho e a retribuição.

308. Quais os critérios de preferência entre instrumentos de regulamentação colectiva de trabalho não negociais?

Os critérios de preferência entre instrumentos de regulamentação colectiva de trabalho não negociais são os seguintes:

- A decisão de arbitragem obrigatória afasta os outros instrumentos de regulamentação colectiva de trabalho;
- A *portaria de extensão* afasta a portaria de condições de trabalho.

Os instrumentos de regulamentação colectiva de trabalho negociais afastam os não negociais.

CONVENÇÃO COLECTIVA

309. Quem é abrangido pela convenção colectiva?

A convenção colectiva obriga o empregador que a subscreve e os trabalhadores filiados nas associações outorgantes, quer no início do processo negocial quer durante a sua vigência.

310. E se o empregador ou o trabalhador se desfiliarem das associações que celebraram a convenção colectiva?

Neste caso, a convenção continua a aplicar-se até ao final do prazo de vigência que dela constar ou, no omisso, durante um ano ou, em qualquer caso, até à entrada em vigor de nova convenção.

311. O trabalhador pode escolher a convenção colectiva aplicável?

O trabalhador não filiado numa associação sindical pode escolher, por escrito, uma das convenções colectivas aplicáveis na sua empresa, que se aplicará até ao final da sua vigência.

Se a convenção não tiver prazo de vigência, o trabalhador será abrangido durante o prazo mínimo de um ano.

Se o trabalhador revogar a escolha, a convenção continua a aplicar-se nos termos previstos para a desfiliação (n.º 310).

312. Por quanto tempo vigora a convenção colectiva?

A convenção colectiva vigora pelo prazo ou prazos que dela constarem. No omisso, vigora pelo prazo de um ano, renovando-se sucessivamente por igual período.

313. Quando caduca a cláusula que faça depender a cessação da vigência de convenção colectiva da substituição por outro instrumento de regulamentação colectiva de trabalho?

Essa cláusula caduca decorridos 5 anos após:

- A última publicação integral da convenção;
- A denúncia da convenção;
- A apresentação de proposta de revisão.

Porém, a convenção colectiva só caduca no dia 17 de Fevereiro de 2009, se já tiverem decorrido 6,5 anos sobre a última publicação integral e, pelo menos, 18 meses a contar da denúncia efectuada na vigência do Código do Trabalho.

314. E se houver denúncia da convenção colectiva por qualquer das partes?

Se houver denúncia, a convenção mantém-se em vigor enquanto decorrer a negociação, incluindo conciliação, mediação ou arbitragem, durante 18 meses, no mínimo, sem prejuízo do n.º 313.

315. Quais são os direitos do trabalhador que se mantêm após a caducidade da convenção colectiva?

Após a caducidade da convenção colectiva mantêm-se os efeitos acordados pelas partes ou, na sua falta, os já produzidos pela convenção nos contratos de trabalho respeitantes à retribuição do trabalhador, categoria, duração do tempo de trabalho, regimes de protecção social e demais direitos e garantias decorrentes da legislação do trabalho.

MEDIAÇÃO

316. Em que casos pode ter lugar a mediação de conflitos colectivos de trabalho?

A mediação de conflitos colectivos de trabalho pode ter lugar:
- Por acordo das partes, em qualquer altura, nomeadamente, no decurso da conciliação;
- Por iniciativa de uma das partes, um mês após o início da conciliação, mediante comunicação, por escrito, à outra parte.

317. Como se processa a mediação?

A mediação processa-se pela forma seguinte:
- A mediação é efectuada por mediador nomeado pelo serviço competente do Ministério do Trabalho e da Solidariedade Social, mediante requerimento das partes;

- O requerimento de mediação deve indicar a situação que a fundamenta e o objecto da mesma, juntando prova da comunicação à outra parte, caso seja subscrito por uma das partes;
- O mediador deve remeter a proposta às partes no prazo de 30 dias a contar da sua nomeação;
- A aceitação da proposta por qualquer das partes deve ser comunicada ao mediador no prazo de 10 dias a contar da sua recepção;
- Recebidas as respostas ou decorrido o prazo estabelecido no número anterior, o mediador comunica, em simultâneo, a cada uma das partes, a aceitação ou recusa da proposta, no prazo de dois dias.

ARBITRAGEM[18]

318. Quais são as modalidades de arbitragem?

A arbitragem de conflitos colectivos de trabalho pode ser voluntária, obrigatória ou necessária.

319. Como funciona a arbitragem voluntária?

Salvo acordo das partes, a arbitragem é realizada por três árbitros, sendo dois nomeados, um por cada parte e o terceiro escolhido por aqueles.

Os árbitros podem ser assistidos por peritos e têm o direito de obter das partes e dos ministérios responsáveis a necessária informação.

[18] As arbitragens obrigatória, necessária e de serviços mínimos na greve foram reguladas pelo Decreto-lei n.º 259/2009, de 25 de Setembro.

320. Em que casos é admissível a arbitragem obrigatória?

A arbitragem obrigatória de conflitos colectivos de trabalho é admissível nos seguintes casos:

- Por requerimento de qualquer das partes, se for a primeira convenção, desde que tenha havido negociações prolongadas e infrutíferas, conciliação ou mediação frustrada e não tenha sido possível resolver o conflito por meio de arbitragem voluntária por má-fé negocial da outra parte, ouvida a Comissão Permanente de Concertação Social;
- Por recomendação da Comissão Permanente de Concertação Social, com voto favorável da maioria dos membros representantes dos trabalhadores e dos empregadores;
- Por iniciativa do Ministro do Trabalho e da Solidariedade Social, ouvida a Comissão Permanente de Concertação Social, quando estejam em causa serviços essenciais destinados a proteger a vida, a saúde e a segurança das pessoas.

321. Quais são os critérios para o Ministro do Trabalho e da Solidariedade Social determinar a arbitragem obrigatória de conflitos colectivos de trabalho?

A arbitragem obrigatória pode ser determinada pelo Ministro do Trabalho e da Solidariedade Social, atendendo aos seguintes critérios:

- Número de trabalhadores e empregadores afectados pelo conflito;
- Relevância da protecção social dos trabalhadores abrangidos;
- Efeitos sociais e económicos do conflito;
- Posição das partes quanto ao objecto da arbitragem.

322. Em que casos pode ser determinada a arbitragem necessária de conflitos colectivos de trabalho?

A arbitragem necessária de conflitos colectivos de trabalho pode ser determinada desde que se verifique, cumulativamente, os seguintes requisitos:

- Caducidade de uma ou mais convenções colectivas aplicáveis a uma empresa, grupo de empresas ou sector de actividade;
- Não celebração de nova convenção nos 12 meses subsequentes;
- Inexistência de outra convenção aplicável a pelo menos 50% dos trabalhadores da mesma empresa, grupo de empresas ou sector de actividade.

323. Como pode ser determinada a arbitragem necessária de conflitos colectivos de trabalho?

A arbitragem de conflitos colectivos de trabalho pode ser determinada por despacho do Ministério do Trabalho e da Solidariedade Social, mediante requerimento de qualquer das partes, se, após a caducidade de uma ou mais convenções colectivas aplicáveis, não for celebrada nova convenção nos 12 meses seguintes e não houver outra convenção aplicável a, pelo menos, 50% dos trabalhadores.

GREVE

324. Quem tem competência para declarar a greve?

A greve é decidida pelas associações sindicais, mas se a maioria dos trabalhadores não for por elas representados, a assembleia de trabalhadores da empresa, convocada por 20% ou 200 trabalhadores, também pode deliberar, por voto secreto e por maioria, o recurso à greve.

325. Pode haver piquetes de greve?

A associação sindical ou a comissão de greve podem organizar piquetes para desenvolver actividades tendentes a persuadir, por meios pacíficos, os trabalhadores a aderirem à greve, com respeito pela liberdade de trabalho dos não aderentes.

326. Qual é o aviso prévio da greve?

A greve tem de ser comunicada ao empregador ou à associação de empregadores e ao Ministério do Trabalho e Solidariedade Social com a antecedência mínima de 5 dias úteis ou, quando a empresa ou o estabelecimento se destina à satisfação de necessidades sociais impreteríveis, no prazo de 10 dias úteis.

327. O empregador pode substituir os grevistas?

O empregador não pode substituir os grevistas por pessoas que, à data do aviso prévio da greve, não trabalhavam no estabelecimento ou serviço, nem admitir novos trabalhadores para aquele fim. A violação desta proibição constitui contra-ordenação muito grave.

328. Quais são os efeitos da greve?

A greve suspende o contrato de trabalho, incluindo a retribuição e os deveres de assiduidade e subordinação, mas mantêm-se os direitos, garantias e deveres que não dependam da prestação do trabalho.

329. Em que casos os trabalhadores são obrigados a assegurar serviços mínimos?

Os trabalhadores aderentes e as associações sindicais são obrigados a assegurar os serviços mínimos nas empresas destinadas à satisfação de necessidades sociais inadiáveis, nomeadamente,

- Correios e telecomunicações;
- Serviços médicos, hospitalares e medicamentosos;
- Salubridade pública, incluindo a realização de funerais;
- Serviços de energia e minas, incluindo o abastecimento de combustíveis;
- Abastecimento de águas;
- Bombeiros;

- Serviços de atendimento ao público que assegurem a satisfação de necessidades essenciais da responsabilidade do Estado;
- Transportes, incluindo portos, aeroportos, estações de caminho-de-ferro e de camionagem, relativos a passageiros, animais e géneros alimentares deterioráveis e a bens essenciais à economia nacional;
- Transporte e segurança de valores monetários.

330. Quais são os efeitos da greve ilegal?

Se a greve for ilegal, a falta do trabalhador grevista é injustificada, sem prejuízo da *responsabilidade civil*.

331. A greve pode ser limitada por convenção colectiva?

A greve pode ser limitada durante a vigência de uma convenção colectiva, mas esta limitação ficará sem efeito se aquela não for cumprida ou se ocorrer uma alteração anormal das circunstâncias que justificaram a sua celebração.

LOCK-OUT

332. O que é o *lock-out*?

O *lock-out* é a paralisação da empresa ou a interdição de acesso dos trabalhadores aos seus locais de trabalho ou a recusa de trabalho por decisão do empregador.

333. O *lock-out* é lícito?

O *lock-out* é proibido, constituindo uma contra-ordenação muito grave e um crime punido com prisão e multa.

SEGURANÇA E SAÚDE NO TRABALHO[19]

334. Quais são os direitos do trabalhador em matéria de segurança e saúde no trabalho?

O trabalhador tem direito a prestar trabalho em condições de segurança, higiene e saúde e a receber informação e formação adequadas.

335. Como podem os trabalhadores defender a segurança e saúde no trabalho?

Além da obrigação de cumprir as regras de segurança e saúde no trabalho, os trabalhadores podem eleger representantes, que devem ser, obrigatoriamente, consultados sobre todas as medidas, programas e questões relativas à segurança e saúde no trabalho.

336. Quais são as obrigações do empregador em matéria de saúde e segurança no trabalho?

As obrigações do empregador em matéria de saúde e segurança no trabalho são as seguintes:

- Identificar os riscos previsíveis;
- Integrar a avaliação dos riscos na saúde e segurança dos trabalhadores;
- Assegurar que a exposição a agentes perigosos não constitua risco para a saúde;
- Planificar a prevenção na empresa;
- Organizar os meios protegendo trabalhadores e terceiros;
- Dar prioridade à protecção colectiva;
- Prevenir os riscos do trabalho monótono sobre a saúde;
- Assegurar a vigilância adequada da saúde;

[19] Esta matéria foi regulada pela Lei n.º 102/2009, de 10 de Setembro.

- Estabelecer um esquema de actuação em situações de emergência;
- Restringir o acesso a zonas de risco grave;
- Adoptar medidas no caso de perigo grave;
- Substituir o que é perigoso dentro da empresa;
- Dar instruções adequadas aos trabalhadores;
- Avaliar os conhecimentos e aptidões dos trabalhadores em matéria de saúde e segurança no trabalho.

337. Quais são as obrigações do trabalhador em matéria de saúde e segurança no trabalho?

As obrigações do trabalhador em matéria de saúde e segurança no trabalho são as seguintes:

- Cumprir as regras e instruções sobre saúde e segurança no trabalho;
- Zelar pela saúde e segurança no trabalho próprias e de terceiros;
- Utilizar correctamente os equipamentos e cumprir os procedimentos de trabalho estabelecidos;
- Cooperar para a melhoria do sistema de saúde e segurança no trabalho;
- Comunicar avarias e defeitos dos sistemas de protecção;
- Adoptar as medidas de emergência estabelecidas para o caso de perigo grave e iminente.

338. Quais são as informações que o empregador deve prestar aos trabalhadores e seus representantes em matéria de saúde e segurança no trabalho?

Os trabalhadores e seus representantes devem ser informados sobre:

- Riscos para a segurança e saúde e medidas de protecção e prevenção;
- Medidas e instruções em caso de perigo grave e eminente;
- Medidas de primeiros socorros, de combate a incêndios e evacuação em caso de sinistro.

339. O empregador deve consultar os representantes dos trabalhadores sobre saúde e segurança no trabalho?

O empregador deve consultar os representantes dos trabalhadores ou, na sua falta, os próprios trabalhadores, duas vezes por ano, sobre:

- Avaliação dos riscos para a saúde e segurança dos trabalhadores;
- Medidas de saúde e segurança dos trabalhadores antes da respectiva aplicação;
- Medidas com repercussão na saúde e segurança dos trabalhadores;
- Programa e organização da formação em saúde e segurança dos trabalhadores;
- Designação do representante do empregador;
- Designação e exoneração dos trabalhadores responsáveis pela saúde e segurança dos trabalhadores;
- Designação dos trabalhadores responsáveis em situações de emergência;
- Modalidade dos serviços a adoptar e recurso a serviços exteriores responsáveis pela saúde e segurança dos trabalhadores;
- Material de protecção utilizado pelos trabalhadores;
- Informações relativas aos riscos para a saúde e segurança e medidas de protecção e prevenção;
- Lista anual dos acidentes de trabalho graves e mortais;
- Relatórios dos acidentes de trabalho.

340. Qual é o número de representantes dos trabalhadores para a saúde e segurança no trabalho?

Salvo instrumento de regulamentação colectiva em contrário, o número máximo de representantes dos trabalhadores para a saúde e segurança no trabalho é a seguinte:

- Empresa com menos de 61 trabalhadores: 1 representante;
- Empresa com menos de 61 a 150 trabalhadores: 2 representantes;

- Empresa com menos de 151 a 300 trabalhadores: 3 representantes;
- Empresa com menos de 301 a 500 trabalhadores: 4 representantes;
- Empresa com menos de 501 a 1000 trabalhadores: 5 representantes;
- Empresa com menos de 1001 a 1500 trabalhadores: 6 representantes;
- Empresa com mais de 1500 trabalhadores: 7 representantes.

341. Quem tem competência para fiscalizar o cumprimento das normas de saúde e segurança no trabalho?

A fiscalização das contra-ordenações e os inquéritos das mortes e acidentes graves são da competência da Autoridade para as Condições de Trabalho.

O inquérito sobre doenças profissionais ou outros danos sobre a saúde no trabalho é da competência da Direcção-Geral de Saúde ou do Centro Nacional de Protecção contra os Riscos Profissionais.

342. Como deve ser feita a formação dos trabalhadores em matéria de saúde e segurança no trabalho?

Os trabalhadores devem receber uma formação adequada em matéria de saúde e segurança no trabalho, tendo em atenção o posto de trabalho e o risco elevado.

O empregador deve formar os trabalhadores responsáveis pelos primeiros socorros, pelo combate a incêndios e evacuação de trabalhadores, facultando-lhes material adequado.

343. Quais são as empresas que devem ter serviços internos de saúde e segurança no trabalho?

Devem ter serviços internos o estabelecimento, com, pelo menos, 400 trabalhadores, o conjunto de estabelecimentos distanciados até 50 Km que tenham, no total, pelo menos, 400 trabalhadores, o estabelecimento ou conjunto de estabelecimentos que tenham risco elevado a que estejam expostos, pelo menos, 30 trabalhadores.

344. Quais são as empresas consideradas de risco elevado?

Consideram-se de risco elevado as empresas que exercem as seguintes actividades:

- Construção com riscos de queda ou soterramento e demolições;
- Ferrovias e rodovias sem interrupção de tráfego;
- Indústria extractiva;
- *Trabalho hiperbárico*;
- Actividades com químicos perigosos;
- Explosivos e pirotecnia;
- Indústria siderúrgica e construção naval;
- Actividades com correntes eléctricas de média e alta tensões;
- Produção e transporte de gases;
- Actividades expostas a radiações inonizantes;
- Actividades expostas a agentes cancerígenos, mutagénicos ou tóxicos;
- Actividades expostas a *agentes biológicos do grupo 3 ou 4*;
- Trabalhos com risco de silicose.

345. Quais são as empresas dispensadas de serviços internos?

São dispensados de serviços internos o estabelecimento ou conjunto de estabelecimentos distanciados até 50 Km com, pelo menos, 400 trabalhadores, que, cumulativamente, preencham os seguintes requisitos:

- Não exerçam actividade de risco elevado;
- Apresentem taxas de incidência e gravidade de acidentes de trabalho, nos últimos 2 anos, não superiores à média do sector;

- Não registem doenças profissionais causadas pelas condições de trabalho na empresa;
- Não tenha sido punido o empregador por infracções muito graves, nos últimos 2 anos, em matéria de saúde e segurança no trabalho,
- Respeitem os valores limites de exposição a matérias ou factores de risco;

A autorização é concedida pela Autoridade para as Condições do Trabalho.

346. Em que casos a saúde e segurança no trabalho podem ser asseguradas pelo Serviço Nacional de Saúde?

A saúde e segurança no trabalho podem ser asseguradas pelo Serviço Nacional de Saúde nos seguintes casos:

- Trabalhador independente;
- Trabalhador agrícola sazonal e a termo;
- Aprendiz ao serviço de artesão;
- Trabalhador do serviço doméstico;
- Pesca de companha;
- Trabalhador de microempresa, sem risco elevado.

347. Em que casos a saúde e segurança no trabalho podem ser asseguradas pelo próprio empregador ou por trabalhador designado?

A saúde e segurança no trabalho podem ser asseguradas pelo próprio empregador ou por um ou mais trabalhadores designados nas empresas, estabelecimentos ou conjunto de estabelecimentos distanciados até 50 Km que empreguem no máximo 9 trabalhadores. Nestas, o empregador pode designar um ou mais trabalhadores para, com formação adequada, se ocuparem dessas actividades.

348. Quantos técnicos de saúde e segurança no trabalho devem ter os estabelecimentos?

Os estabelecimentos industriais devem ter:
- Até 50 trabalhadores: 1 técnico;
- Com mais de 50 trabalhadores: 2 técnicos por 1500 trabalhadores.

Os outros estabelecimentos devem ter:
- Até 50 trabalhadores: 1 técnico;
- Com mais de 50 trabalhadores: 2 técnicos por cada 3000 trabalhadores.

349. A quem cabe a responsabilidade pela vigilância da saúde?

A responsabilidade técnica pela vigilância da saúde cabe ao médico do trabalho. Nas empresas com mais de 250 trabalhadores, este é coadjuvado por um enfermeiro com experiência adequada.

350. Quais são os exames de saúde que o empregador deve promover?

O empregador deve promover os seguintes exames de saúde ao trabalhador:
- **Exame de admissão**:
  - Antes do início do trabalho ou, em caso de urgência, nos 15 dias seguintes à admissão;
- **Exames periódicos**:
  - Anuais: para os menores e trabalhadores com mais de 50 anos;
  - De 2 em 2 anos: para os restantes trabalhadores;
- **Exames ocasionais:**
  - No caso de alterações dos materiais de trabalho que possam prejudicar a saúde;
  - No regresso do trabalhador, após ausência superior a 30 dias por motivo de doença ou acidente.

351. O trabalho no domicílio pode ser executado, conjuntamente, por várias pessoas?

A actividade no domicílio ou em instalação do trabalhador pode ser realizada por vários trabalhadores até ao limite de quatro, mas estes não podem ter ajudantes, salvo membros do seu agregado familiar.

Esta actividade pode ainda ser prestada fora do domicílio ou da instalação do trabalhador por razões de segurança ou saúde, desde que não o seja em instalação do beneficiário da actividade

352. O beneficiário da actividade pode visitar o domicílio do trabalhador?

O beneficiário pode visitar o local de trabalho mas deve respeitar a privacidade do trabalhador e os tempos de descanso e de repouso do seu agregado familiar.

353. Como deve ser fixada a remuneraçao do trabalhador no domicílio?

A remuneração do *trabalhador no domicílio* deve ser fixada segundo o tempo médio de execução do bem ou do serviço e a retribuição aplicável a idêntico trabalho subordinado ou, no mínimo, a retribuição mínima mensal garantida e ainda os encargos inerentes à actividade do trabalhador.

[20] Esta matéria foi regulada pela Lei n.º 101/2009, de 8 de Setembro.

354. O beneficiário da actividade pode fazer cessar o contrato de trabalho no domicílio?

O beneficiário da actividade pode denunciar, por escrito, o contrato para o termo de execução do trabalho ou resolvê-lo por motivo justificativo não imputável a qualquer das partes.

A denúncia do contrato terá de ser comunicada ao trabalhador com o aviso prévio de 7, 30 ou 60 dias, conforme a execução do contrato tenha durado até 6 meses, até 2 anos ou por período superior, respectivamente.

355. O trabalhador no domicílio pode fazer cessar o contrato de trabalho?

O trabalhador pode denunciar, por escrito, o contrato para o termo do contrato ou com o aviso prévio de 7 ou 15 dias, consoante o trabalho tenha durado até 6 meses ou mais de 6 meses.

Se tiver trabalho pendente em execução, o prazo de aviso prévio será até ao termo de execução, no máximo de 30 dias.

356. Em que casos o trabalhador no domicílio tem direito a indemnização por cessação do contrato por iniciativa do beneficiário da actividade?

O *trabalhador no domicílio* tem direito a indemnização por falta de aviso prévio e falta de fundamento para a resolução do contrato. A indemnização é igual à remuneração correspondente ao aviso prévio em falta ou, no outro caso, igual a 60 ou 120 dias de remuneração, conforme o contrato tenha durado até 2 anos ou mais de 2 anos, respectivamente.

Tem ainda direito a idêntica compensação se o contrato caducar por falta de trabalho superior a 60 dias.

357. O que é o contrato de serviço doméstico?

É o contrato pelo qual uma pessoa se obriga, mediante retribuição, a prestar a outra ou outras pessoas, sob a sua autoridade e direcção, actividades destinadas à satisfação das necessidades próprias de um *agregado familiar* e dos respectivos membros, nomeadamente:

- Confecção de refeições;
- Lavagem e tratamento de roupas;
- Limpeza e arrumo de casa;
- Vigilância e assistência a crianças, pessoas idosas e doentes;
- Tratamento de animais domésticos;
- Execução de serviços de jardinagem;
- Execução de serviços de costura;
- Outras actividades consagradas pelos usos e costumes;
- Coordenação e supervisão das tarefas anteriores;
- Execução de tarefas externas relacionadas com as anteriores.

358. O trabalhador de serviço doméstico tem direito a intervalos?

O trabalhador do serviço doméstico tem direito a intervalos para refeições e descanso organizados por acordo, sem prejuízo da vigilância e assistência ao *agregado familiar*.

O trabalhador alojado tem direito a um repouso nocturno de, pelo menos, 8 horas seguidas, salvo motivos graves, imprevistos, de *força maior* ou quando tenha sido contratado para assistir a doentes ou crianças até aos 3 anos.

359. Quais são os comportamentos do trabalhador de serviço doméstico que podem constituir justa causa de despedimento?

Além dos comportamentos descritos no n.º 234, o trabalhador do serviço doméstico pode ser despedido se tiver alguns dos seguintes comportamentos que impossibilite a continuidade do contrato:

- Quebra de sigilo sobre qualquer assunto de que tenha conhecimento pelo seu trabalho de que possa resultar prejuízo para a honra, bom nome ou património do agregado familiar;
- Manifesta falta de urbanidade para com os membros do *agregado familiar*, designadamente as crianças e os idosos, ou com outras pessoas que sejam recebidas na família;
- Introdução no domicílio do *agregado familiar* de pessoas estranhas ao mesmo, sem autorização ou conhecimento prévio do empregador ou de quem o substitua;
- Recusa em prestar contas de dinheiros que lhe tenham sido confiados para compras ou pagamentos ou infidelidade na prestação dessas contas;
- Hábitos ou comportamentos que não se coadunem com o ambiente normal do *agregado familiar* ou tendam a afectar gravemente a respectiva saúde ou qualidade de vida;
- Negligência reprovável ou reiterada na utilização de aparelhagem electrodoméstica, utensílios de serviço, louças, roupas e objectos incluídos no recheio da habitação, quando daí resulte avaria, quebra ou inutilização que impliquem dano grave para o empregador.

360. Como se deve efectuar o despedimento do trabalhador do serviço doméstico?

Não é necessária a instauração de procedimento disciplinar, mas o empregador deve comunicar, por escrito, ao trabalhador os factos e as circunstâncias que fundamentam o despedimento.

CONTRA-ORDENAÇÕES[21]

361. Como são classificadas as *contra-ordenações laborais*?

As contra-ordenações podem ser leves, graves e muito graves, consoante a gravidade das infracções.

362. Quais são os critérios para a fixação dos valores das *coimas*?

As *coimas* variam em função da gravidade, do volume de negócios e do grau de culpa (*negligência* ou *dolo*) do infractor.

363. Como se aplica a *coima* em caso de pluralidade de contra-ordenações?

A pluralidade de infracções é punida com uma única *coima* que não pode exceder o dobro da *coima* máxima aplicável

364. Quem tem competência para aplicar as *coimas*?

É competente a Autoridade para as Condições de Trabalho, mediante a prévia instauração de procedimento contra-ordenacional. A decisão condenatória pode ser impugnada no Tribunal do Trabalho.

365. Podem ser aplicadas sanções acessórias?

Nos casos de contra-ordenação ou reincidência, podem ser aplicadas, além da *coima*, a interdição do exercício da actividade até 2 anos e a punição do direito de participar em concursos públicos até 2 anos.

---

[21] Esta matéria foi regulada pela Lei n.º 107/2009, de 14 de Setembro.

Nas contra-ordenações muito graves ou no caso de reincidência em contra-ordenações graves, pode ser ordenado o conhecimento público da decisão condenatória.

Afim: cônjuge de um parente de outra pessoa (por ex., genro ou nora do trabalhador); a afinidade determina-se pelos mesmos graus e linhas do parentesco.

Agentes biológicos do grupo 3 ou 4: agentes biológicos infecciosos, como bactérias, vírus, fungos e parasitas, que podem ser transmitidos por pessoas infectadas ou por equipamentos, material cirúrgico, resíduos hospitalares e outros.

Agregado familiar: conjunto de pessoas que vivem em comunhão de mesa e habitação na dependência económica umas das outras.

Aleitação: alimentação do filho com leite não materno, diferente de amamentação.

Banco de horas: regime em que o aumento do período normal de trabalho é compensado com redução do tempo de trabalho, aumento do período de férias ou pagamento em dinheiro.

Caso fortuito: acontecimento imprevisível, mas que, previsto, poderia ser evitado com as precauções normais.

Coima: quantia em dinheiro devida pela prática de infracção, que a lei não qualifica como crime.

Comissão intersindical: organização, a nível de uma empresa, dos delegados das comissões sindicais dos sindicatos duma confederação, que abranja no mínimo 5 delegados sindicais, ou de todas as comissões sindicais nela existentes.

Comissão sindical: organização dos delegados sindicais do mesmo sindicato na empresa ou estabelecimento.

Confederação: associação nacional de sindicatos, federações e uniões.

Contra-ordenação laboral: infracção às normas laborais que a lei não qualifica como crime, punível pela Autoridade para as Condições de Trabalho.

Dados biométricos: elementos da identificação física e morfológica do trabalhador, tais como a impressão digital, a íris e a geometria facial, cujo tratamento pode permitir o controlo da assiduidade e a segurança das pessoas.

Danos não patrimoniais: lesões de direitos de natureza pessoal, que não são susceptíveis de avaliação em dinheiro, correspondendo, por exemplo, a dores físicas, sofrimentos psicológicos, angústias, etc.

Deontologia: conjunto de regras éticas pelas quais certos profissionais devem pautar a sua actividade (por ex., advogados e médicos).

Desempregado de longa duração: trabalhador disponível para o trabalho e inscrito num Centro de Emprego há mais de 12 meses.

Destacado: trabalhador contratado por empregador dum Estado que presta serviço noutro Estado.

Diuturnidade: complemento pecuniário previsto em instrumentos de regulamentação colectiva de trabalho, baseado na antiguidade do trabalhador na categoria profissional.

Dolo: comportamento intencional do agente relativamente à prática de certo facto.

Federação: associação de sindicatos de trabalhadores da mesma profissão ou do mesmo sector de actividade.

Força maior: acontecimento imprevisível e que não poderia ser evitado com as precauções normais.

Grau: cada geração que liga dois parentes dentro de uma linha; na linha recta há tantos graus quantas as pessoas que formam a linha, excepto o progenitor (por ex. o filho está no 1.º grau); na linha colateral, os graus contam-se subindo por um dos ramos e descendo pelo outro, sem contar com o progenitor comum (por ex. o irmão está no 1.º grau)

Insolvência: situação do devedor impossibilitado de cumprir as suas obrigações.

Linha colateral: linha de parentesco em que nenhum dos parentes descende do outro mas ambos procedem de um progenitor comum (por ex. tio).

Linha recta: linha de parentesco em que um parente descende do outro, é ascendente quando parte do descendente para o progenitor (por ex. do filho para o pai) e descendente quando parte do ascendente para o que dele procede (por ex. do pai para filho).

Mobilidade funcional: alteração temporária das funções não compreendidas na actividade contratada.

Mobilidade geográfica: transferência temporária ou definitiva do local de trabalho.

Nascituro: aquele que foi concebido, mas ainda não nasceu.

Negligência: incumprimento não intencional de regras ou de deveres de cuidado.

Património genético: conjunto de características hereditárias de uma pessoa; a lei proíbe actividades que impliquem riscos para o património genético do trabalhador.

Portaria de extensão: portaria que alarga o âmbito de uma convenção colectiva às relações de trabalho entre empregadores e trabalhadores não filiados nas associações que a outorgaram.

Prescrição: extinção de direitos pelo seu não exercício durante certo tempo por força da lei.

Presunção: ilação que a lei ou o tribunal pode extrair de determinados factos conhecidos para retirar uma certa conclusão; a existência de uma presunção faz recair sobre a pessoa a ela sujeita o encargo de provar o contrário.

Radiações ionizantes: radiações emitidas por equipamentos e materiais, que poderão afectar a saúde de quem a elas estiver exposto (por ex. os raios X).

Responsabilidade civil: obrigação de reparar danos causados a terceiros, que com dolo ou culpa violem, ilicitamente, o direito de outrem.

Retribuição em espécie: prestação não pecuniária para satisfazer a necessidade do trabalhador ou da sua família, que não pode exceder a parte em dinheiro (por ex., alimentação e alojamento).

Secção sindical: conjunto de trabalhadores de uma empresa ou estabelecimento filiados no mesmo sindicato.

Trabalhador à procura do primeiro emprego: o que nunca foi anteriormente contratado por tempo indeterminado, segundo o entendimento dominante dos tribunais.

Trabalhador no domicílio: o que presta actividade no seu domicílio ou estabelecimento, sem sujeição às ordens do beneficiário ou aquele que compra matérias primas e fornece o produto acabado ao vendedor por certo preço, quando estejam na sua dependência económica.

Trabalho de valor igual: trabalho em funções equivalentes segundo a qualificação, experiência, responsabilidade, esforço físico e condições de trabalho.

Trabalho hiperbárico: trabalho efectuado sob elevada pressão atmosférica, que pode causar traumatismos e doenças (por ex., trabalhos nas minas e subaquático).

Trânsito em julgado: a decisão transita ou passa em julgado quando já não é possível recorrer ou reclamar.

União: associação de sindicatos de base regional.